Manfred Rehbinder

Der Kantinenpachtvertrag im Blickfeld der Rechtstatsachenforschung

Der Kantinenpachtvertrag im Blickfeld der Rechtstatsachenforschung

von
Prof. Dr. Manfred Rehbinder
Bielefeld

1972
J. Schweitzer Verlag · Berlin

ISBN 3 8059 0284 0

Satz: Fotosatz Prill, Berlin – Druck: W. Hildebrand, Berlin

Vorwort

Die vorliegende Studie ist aus einem Gutachtenauftrag des Bundes Deutscher Kantinenpächter e.V. entstanden. Man hatte mich gebeten, die Rechtswirksamkeit eines Mustervertrages zu prüfen, den die Bundeswehr in den Wehrbereichen IV und VI ihren Kantinenpächtern – unter Zwischenschaltung einer Kantinenbelieferungsgesellschaft als Generalpächter – für die Zeit bis zum 30. Juni 1974 oktroyiert hat, um in einem „Großversuch" eine leistungsfähigere Bewirtschaftungsform ihrer Kantinen zu erproben. Schon eine erste Durchsicht der Vertragsgestaltung zeigte, daß entgegen dem erklärten Ziel, die Selbständigkeit der Kantinenpächter zu erhalten, in Wahrheit eine Eingliederung der Pächter in ein zentrales Bewirtschaftungssystem beabsichtigt ist, das die Pächter in die Stellung eines Filialleiters des Generalpächters herabdrückt. Die Rechtsform des Pachtvertrages wird also dazu benutzt, dem Pächter faktisch die Stellung eines Arbeitnehmers zuzuweisen.

Die Schwierigkeit in der rechtlichen Beurteilung dieses Sachverhaltes liegt nun darin, daß Kantinenpachtverträge im Gegensatz zur Verpachtung von Gastwirtschaften an sich eine weitgehende Bindung des Pächters an die Bedürfnisse des „Hauptbetriebes" zulassen, denn Kantinen gehören zu den Sozialeinrichtungen. Es mußte daher genauer festgestellt werden, welche Weisungsmöglichkeiten noch mit der Stellung eines selbständigen Kantinenpächters vereinbar sind und welche nicht. Bei der Materialsuche zu diesem Problem ergab sich zu meiner Überraschung, daß über Kantinen im Gegensatz zu Gastwirtschaften so gut wie keine juristische Literatur vorhanden ist und daß auch die Rechtsprechung nur vereinzelte und für das vorliegende Problem nicht einschlägige Stellungnahmen aufweist. Aus diesem Grunde erscheint es mir angezeigt, die in mancher Hinsicht vorläufigen Ergebnisse meiner Überlegungen zur Diskussion zu stellen.

Dabei gilt mein Dank dem Präsidenten des OLG Bremen, Herrn Dr. Dr. Walther Richter, der die Abdruckserlaubnis für den hier als Musterbeispiel wiedergegebenen Pachtvertrag der Stadtgemeinde Bremen erwirkt hat, den diese mit den Kantinen ihrer Behörden abschließt. Mir sind eine Reihe weiterer Kantinenpachtverträge aus der Gegend um Bielefeld zugänglich gewesen, die darauf hindeuten, daß der hier abgedruckte Pachtvertrag typisch ist. Der Vergleich dieses Pachtvertrages mit dem Mustervertrag des Bundeswehrexperiments macht erst die Fülle der Weisungsmöglichkeiten im Rahmen derartiger Vertragsverhältnisse deutlich und gibt das erforderliche Rechtstatsachenmaterial an die Hand, um die Frage entscheiden zu können, wo bei der Abänderung des gesetzlichen Normaltyps des Pachtvertrages die Grenze zwischen zulässigem und unzulässigem Gebrauch der Privatautonomie verläuft.

Bielefeld, im Mai 1972

Manfred Rehbinder

Inhalt

I. Der Kantinenpachtvertrag als gemischtrechtlicher Vertrag

1. Vertragsgegenstand

Kantinen sind Betriebe, die in der Hauptsache einer nach außen hin fest umgrenzten, nach innen durch wechselseitige persönliche oder sachliche Beziehungen, wie gemeinsame Arbeitsorganisation und Arbeitsbedingungen, verbundenen Personengemeinschaft die Gelegenheit des Verzehrs von Speisen und Getränken an Ort und Stelle geben sollen[1]). Wir finden daher Kantinen in allen größeren Arbeitsorganisationen, also in Großbetrieben, Verwaltungsbehörden, Gerichten, in Kasernen der Bundeswehr, des Bundesgrenzschutzes, der Polizei, aber auch in Museen, Theatern oder in gesellschaftlichen Vereinigungen wie Sportclubs u.ä.. Ihr Unterschied zur Gaststätte ist jeweils, daß sie nicht der breiten Öffentlichkeit, sondern in der Regel nur einem jeweils umgrenzten Personenkreis zugänglich sind. Das schließt nicht aus, daß der betreffende Personenkreis Gäste mitbringt. Auch kann die Abgrenzung dieses Personenkreises von der breiten Öffentlichkeit nur schwer zu kontrollieren sein wie im Falle der Behörden- und Gerichtskantinen, die auch dem Publikum offenstehen. Entscheidend ist hier, daß der Kantinenbetrieb im Gegensatz zum Gaststättenbetrieb in erster Linie eine dienende Funktion gegenüber der Organisation hat, in die er eingefügt ist.

In vielen Fällen wird eine Kantine von der Organisation, der sie hauptsächlich dient, als eigener Nebenbetrieb geführt (z.B. Werkküchen). In der Regel wird

---

[1]) So Elmar Michel/Werner Kienzle: Gaststättengesetz, 5. Aufl. 1971, § 3 Anm. 5; ähnlich Johannes Scheibe/Gerhard Bentin: Handbuch für das Gaststättengewerbe, 2. Aufl. 1971, S. 41; vgl. auch KG GewA 25, S. 520.

sie jedoch den entsprechenden Fachleuten zur eigenverantwortlichen Gestaltung und auf eigenes Risiko überlassen. Die Überlassung geschieht in Form eines Pachtvertrages. Gegenstand dieses Pachtvertrages ist die Kantine als Betriebsteil, also ein Unternehmen, nicht dagegen – wie man früher gemeint hat – der zum Kantinenbetrieb überlassene Raum. Die Raumüberlassung zum Zwecke des Betriebes von Gastwirtschaften hat bis in die Gegenwart in der Rechtsprechung Schwierigkeiten hinsichtlich ihrer rechtlichen Qualifizierung bereitet. Es kam Geschäftsraummiete, Raumpacht und Unternehmenspacht in Betracht. Lag Miete vor, unterlag der Überlassungsvertrag früher dem Mieterschutz, was bei einem Pachtvertrag grundsätzlich[2]) nicht der Fall war. Da Miete und Pacht sich dadurch unterscheiden, daß der Mieter das Recht zum bloßen Gebrauch der Mietsache erwirbt (§ 535 Satz 1 BGB), während der Pächter darüber hinaus das Recht zum „Genuß der Früchte hat, soweit sie nach den Regeln einer ordnungsmäßigen Wirtschaft als Ertrag anzusehen sind" (§ 581 Abs. 1 Satz 1 BGB), mußte die Rechtsprechung Kriterien dafür entwickeln, wann bei der Nutzung von Räumen zum Betriebe einer Gaststätte eine Fruchtziehung möglich ist und wann nicht. Die heute noch gültige Grenzziehung wurde vom Reichsgericht dahin vorgenommen, daß eine Fruchtziehung im Sinne des Pachtrechts gewährt wird, wenn die betreffenden Räume zum Betriebe der Gaststätte entsprechend ausgestattet sind.[3]) Das ist der Fall, wenn sie baulich und in sonstiger Hinsicht derart eingerichtet sind, daß mit dem Betrieb unmittelbar begonnen werden kann.[4]) Es genügt also nicht, daß die überlassenen Räume zum Betrieb des Gewerbes baulich geeignet sind. Es

---

[2]) Anders, wenn zugleich mit den Gewerberäumen Wohnraum überlassen wurde. Hier gab RGZ 168, 44 stets Mieterschutz. Dagegen erst BGH NJW 1953, S. 1391 im Anschluß an Bettermann, wo auf den Schwerpunkt des Vertrages abgestellt wird.

[3]) RGZ 81, 23 (24–27); 91, 310 (311).

[4]) RGZ 87, 277 (278).

muß hinzukommen , daß sie im Innern eine Ausstattung und Einrichtung enthalten, die zur Führung des Betriebes erforderlich sind und die Räume zu einer unmittelbaren Quelle von Erträgen werden lassen.[5]) Wenn der „Pächter" sich die Einrichtung erst selbst beschaffen muß, dann liegt nur Geschäftsraummiete vor.[6]) Allerdings kann das Inventar auch von einem Dritten gestellt, z.B. vom früheren Eigentümer übernommen worden sein.[7]) Voraussetzung ist aber, daß der Erwerb in Zusammenhang mit dem Überlassungsvertrag steht.[8])

Die Unterscheidung der Rechtsprechung zwischen Miete und Pacht bei der Überlassung von gewerblichen Räumen ist zu Recht kritisiert worden,[9]) denn der Begriff einer Raumpacht ist dogmatisch nicht zu begründen. Soll nämlich der Ertrag der gewerblichen Nutzung der Räume im Sinne des Gesetzes als Frucht der Räume aufgefaßt werden, dann liegt eine solche Fruchtziehung auch bei der Geschäftsraummiete vor. Stellt man dagegen weniger auf die Räume als auf den wirtschaftlichen Organismus ab, der in den mit Einrichtung und Ausstattung versehenen Räumen zu sehen ist, dann ist dieser Organismus ein Unternehmen. Denn zu den Räumen und der Ausstattung tritt noch die Möglichkeit hinzu, gerade an dieser Stelle den Betrieb unterhalten zu können. Diese faktische Möglichkeit ist Bestandteil des Unternehmens und macht seinen Wert aus. In manchen Fällen erstarkt sie sogar zu einem Recht, so daß insoweit ein Fall von Rechtspacht vorliegt, z.B. bei der Gestattung des Betriebes einer Wechselstube oder einer Buchhandlung im Bahnhofsgebäude[10]) oder bei

---

[5]) RGZ 109, 206 (207).

[6]) Ebd. S. 208.

[7]) RGZ 114, 243 (245).

[8]) RGZ 122, 274 (275).

[9]) Vgl. insbesondere Friedrich Kappey: Die Abgrenzung von Miete und Pacht bei der Überlassung von Räumen zu gewerblichen Zwecken, Diss. Göttingen 1965, mit weiteren Nachweisen.

der Vergabe des Ausschankes in einer Markthalle, wo dem Pächter ja keine tatsächliche Gewalt und damit kein „Pachtbesitz" über die Räume eingeräumt wird, dieser vielmehr bloßer Besitzdiener des Markthallenunternehmens ist.[11]) Hat der Pächter eines Unternehmens aber keinen selbständigen Besitz an den Räumen, weil sein Geschäftsbetrieb nur der Nebenbetrieb eines anderen Unternehmens ist wie z.B. im Falle der Garderobenpacht, dann ist darauf zu achten, ob dieser Nebenbetrieb zur eigenverantwortlichen Führung überlassen wurde oder nicht. Bei unselbständiger Geschäftsführung liegt kein Pachtvertrag, sondern ein Dienstvertrag mit dem Unternehmer des Hauptbetriebes vor.[12])

Vertragsgegenstand eines Kantinenpachtvertrages ist also die Kantine als Unternehmen. Dieses Unternehmen besteht aus mehr als den eingerichteten und ausgestatteten Räumen oder dem Recht zum Geschäftsbetrieb. Denn „als Unternehmen bezeichnet man die Summe von Rechten, tatsächlichen Verhältnissen und Erfahrungen (Chancen, goodwill), die durch ein Rechtssubjekt, den Unternehmer, allein oder mit seinen Mitarbeitern durch eine einheitliche Zweckbestimmung zu einer organisatorischen Einheit verbunden sind".[13]) Zum Unternehmen „Kantine" gehört daher insbesondere auch die dem Pächter überlassene Kundschaft, die den Wert dieses Unternehmens, seinen Goodwill ausmacht. Kantinenpacht bedeutet also die Überlassung aller zur jeweiligen Kantine verbundenen Vermögensgegenstände zur Nutzung. Daneben bestehen aber eine Reihe von Sondervereinbarungen, die über den gesetzlichen

---

[10]) RGZ 108, 369 (371); BGH LM § 581 BGB Nr. 11 = JZ 1955, S. 47.

[11]) BGH LM § 581 BGB Nr. 31.

[12]) Für den Fall der Garderobenpacht RGZ 140, 206 (209 f.); vgl. auch RGZ 97, 166 (170); zur Toilettenpacht OLG Kiel in OLG 10, S. 171; zur unselbständigen „Kantinenpacht" OLG Naunburg SeuffA 57, S. 392 (393).

[13]) So Enneccerus/Nipperdey: Allgemeiner Teil des Bürgerlichen Rechts, 1. Halbbd., 15. Aufl. 1959, § 133, S. 850.

Normaltyp eines Pachtvertrages hinausgehen und dem üblichen Kantinenpachtvertrag den Charakter eines gemischtrechtlichen Vertrages geben. Um die einzelnen Elemente dieses gemischtrechtlichen Vertrages näher zu bestimmen, empfiehlt es sich, zunächst einen typischen Kantinenpachtvertrag im Zusammenhang zum Abdruck zu bringen.

2. Die einzelnen vertraglichen Vereinbarungen

a) Beispiel für einen typischen Kantinenpachtvertrag

Pachtvertrag

zwischen

der Stadtgemeinde Bremen, vertreten durch das Stadtplanungsamt, 28 Bremen, Papenstr. 5/13 (Lloydgebäude)

– als Verpächterin –

und

....

– als Pächter –

wird folgender Vertrag geschlossen:

§ 1

Die Verpächterin verpachtet den Pächtern die im Erdgeschoß des . . . eingerichteten Erfrischungsräume mit Empore sowie mit Küche, dazugehörigen Nebenräumen, Büro und Toiletten – insgesamt etwa 493 qm – zum Betrieb einer Kantine.
Die Räume sind ihrer Bestimmung gemäß laut beiliegendem Inventarverzeichnis – Anlagen 1–3 – ausgestattet. Darüber hinaus sind die Räume, soweit erforderlich, von den Pächtern einzurichten.

§ 2

Das Pachtverhältnis beginnt am 1.1.1966 und läuft auf unbestimmte Zeit; es kann beiderseits mit dreimonatiger Frist jeweils zum Quartalsende gekündigt werden. Bei Konzessionsentzug ist fristlose Kündigung möglich. Die Kündigung muß schriftlich erfolgen.

§ 3

Als Pachtzins ist 1 Prozent des monatlichen Umsatzes zu zahlen. Vom Umsatz an Tabakwaren und Trinkmilch entfällt der Pachtzins.
Der sich ergebende Pachtzins ist jeweils bis zum 10. des nachfolgenden Monats der Verpächterin anzuzeigen und unter Angabe des Kassenzeichens G 920/KK. bei der Landeshauptkasse Bremen, Kirchenstr. 5/5a, Bankkonten: Sparkasse in Bremen Nr. 9065, Bremer Landesbank Nr. 70 115, einzuzahlen.
Sollten die Einnahmen während der ersten beiden Pachtjahre ergeben, daß in dieser Zeit der vereinbarte Pachtzins nicht tragbar ist, soll auf Antrag der Pächter – auch vor Ablauf dieser beiden Jahre – eine Überprüfung stattfinden.
Eine etwaige Ermäßigung des Pachtzinses bedarf der Zustimmung des Senators für die Finanzen.
Die Kosten für Gas, Heizung, Strom und Wasser trägt die Verpächterin.
Die Pächter verpflichten sich, Beauftragten der Verpächterin jederzeit Einblick in die Geschäftsbücher und -unterlagen zu gewähren.

§ 4

Die Pächter haben die Pachtobjekte samt Einrichtungen pfleglich zu behandeln und in einem sauberen und ordnungsgemäßen Zustand zu halten. Ohne schriftliche Genehmigung der Verpächterin dürfen die Pächter an den Räumen und der Ausstattung nichts ändern, dasselbe gilt für die Anbringung von Reklame.
Alle in den Räumen und an den Einrichtungsgegenständen entstandenen Schäden sind unverzüglich der Verpächterin zu melden. Instandsetzungskosten bis zu DM 50,– in jedem Einzelfalle sind von den Pächtern, größere Reparaturen jedoch von der Verpächterin zu tragen.

§ 5

Die Pächter verpflichten sich, die Kantine von 7.30 bis 18 Uhr offenzuhalten. Sie haben während dieser Zeit u.a. Kaffee, Bier und ein Erfrischungsgetränk sowie zur Mittagszeit ein Abonnementessen für die Behördenbediensteten feilzuhalten. Die Preise für dieses Essen und die genannten Getränke sind im Einvernehmen mit dem Kantinenausschuß festzusetzen. Sollte keine

Einigung zustandekommen, entscheidet der Senator für Wohlfahrt und Jugend.
Der Ausschank alkoholischer Getränke ist erst nach Dienstschluß gestattet; in der Mittagspause darf lediglich Bier ausgeschenkt werden. Ein Verzehrzwang besteht nicht. Die Pächter sind weiter verpflichtet, für die Angehörigen der im Volkshaus untergebrachten Behörden kostenlos kochendes Wasser für Getränke zur Verfügung zu stellen. Für die Benutzung von Geschirr durch Selbstbeköstiger ist es den Pächtern gestattet, ein mit dem Kantinenausschuß zu vereinbarendes Entgelt zu erheben. Kommt keine Einigung zustande, entscheidet der Senator für Wohlfahrt und Jugend.
Den Pächtern ist es gestattet, während der Kantinenzeit und bei geschlossenen Veranstaltungen nach § 8 Abs. 2 dieses Vertrages an fremde Gäste Speisen und Getränke zu frei kalkulierten Preisen abzugeben.

§ 6

Eine Unterverpachtung – auch teilweise oder vorübergehend – ist nicht gestattet.

§ 7

Die Pächter befreien die Verpächterin von allen Schadenersatzansprüchen und sonstigen Forderungen, die aus dem Betrieb der Kantine entstehen könnten; sie haben zu diesem Zweck eine Haftpflichtversicherung in angemessener Höhe abzuschließen. Ein Anspruch der Pächter bei Schadensfällen (Feuer, Diebstahl, Einbruch u.ä.) an die Eigentümerin ist ausgeschlossen. Es wird den Pächtern anheimgestellt, sich entsprechend zu versichern.

§ 8

Die Pächter übernehmen die Reinigungspflicht des öffentlichen Gehweges und haben dies gem. § 11 der Bremer Straßenordnung vom 10. Mai 1960 dem Stadt- und Polizeiamt Bremen gegenüber zu erklären.

§ 9

Den Personengruppen, die von einem Amt betreut werden, das dem Senator für Wohlfahrt und Jugend untersteht, ist auch außerhalb der in § 5 festgelegten Zeit für jeweils zu vereinbarende Stunden die Benutzung der Räume für geschlossene Veranstaltungen zu gestatten. Für diese sind mit dem Senator für Wohlfahrt und Jugend angemessene Preise zu vereinbaren.
Den Pächtern ist es gestattet, die Räumlichkeiten abends auch anderen Organisationen für geschlossene Veranstaltungen zur Verfügung zu stellen.
Über diese Veranstaltungen haben die Pächter der Verpächterin jeweils mo-

natlich nachträglich ein Verzeichnis zuzusenden mit Angabe der Organisation, geschätzte Anzahl der Personen, Tag und Dauer.
In jedem Falle ist bei Verwendung des Pachtobjektes zu berücksichtigen, daß die Räume nicht zum Betrieb einer öffentlichen Gaststätte überlassen werden, sondern es sich um eine in einem Behördengebäude eingerichtete Kantine handelt.

§ 10

Die Pächter verpflichten sich, das vorhandene Kleininventar (Geschirr, Töpfe, Vorhänge u.ä.) zum Schätzwert zu übernehmen.
Die Verpächterin verpflichtet sich, dieses sowie anderes von den Pächtern zur Aufrechterhaltung des Kantinenbetriebes angeschafftes Inventar bei Beendigung des Pachtverhältnisses zum Zeitwert zurückzukaufen bzw. zu übernehmen.

§ 11

Änderungen und Ergänzungen dieses Vertrages bedürfen zu ihrer Rechtswirksamkeit der schriftlichen Form.
Gerichtsstand ist Bremen.

Bremen, den

Die Verpächterin: Die Pächter:

b) Abweichungen vom gesetzlichen Normaltyp des Pachtvertrages

In § 1 des vorstehenden Vertrages werden als Gegenstand der Verpachtung die zum Kantinenbetrieb gehörenden Räumlichkeiten samt Einrichtungen (Küchen- und Toilettenanlagen) und Ausstattung (Inventar) bezeichnet.
Nach der Rechtsprechung des RG wäre zu fragen, ob die betreffende Einrichtung und Ausstattung ausreicht, um mit dem Geschäftsbetrieb sofort beginnen zu können oder ob erst noch weitere vom „Pächter" zu beschaffende Ausstattungsgegenstände erforderlich sind. Im letzteren Falle würde nicht Pacht, sondern Geschäftsraummiete vorliegen. Da sich nach der hier vertretenen Ansicht eine Raumpacht dogmatisch nicht begründen läßt, Gegenstand des Kantinenpachtvertrages vielmehr die Kantine als wirtschaftliches Unternehmen ist, kommt es lediglich darauf an, ob eine arbeitsfähige wirtschaft-

liche Organisation übernommen wurde. Soweit zu dieser wirtschaftlichen Organisation als eines Inbegriffs von Vermögensgegenständen[14]) bestimmte Räumlichkeiten gehören, ist die Überlassung dieser Räumlichkeiten isoliert betrachtet Geschäftsraummiete. Der Kantinenpachtvertrag enthält also im Hinblick auf die bloße Raumüberlassung Elemente des Mietvertrages. Den Charakter als Pachtvertrag erhält er nicht durch die Überlassung von Räumen, sondern in erster Linie durch die Gestattung der Ausübung des Geschäftsbetriebes in den Räumlichkeiten der betreffenden Arbeitsorganisation, wodurch dem Pächter ein abgegrenzter Kundenkreis zugewiesen wird. Der Kantinenpachtvertrag ist also in der Hauptsache ein Pachtvertrag mit Zügen eines Mietvertrages.[15])

Die in § 2 niedergelegten Bestimmungen über die Laufzeit des Vertrages stellen eine Abweichung von § 595 Abs. 1 BGB dar. Auf unbestimmte Zeit eingegangene Pachtverhältnisse über Grundstücke oder Rechte sind nach dem Gesetz nur zum Schluß eines Pachtjahres kündbar. Gleichgültig, ob man ein Unternehmen schon als eigenständiges Recht oder mit der noch herrschenden Ansicht lediglich als Vermögensinbegriff ansieht,[16]) auf jeden Fall wäre im Hinblick auf die überlassenen Räumlichkeiten § 595 Abs. 1 BGB einschlägig, da auch Räume eines Grundstückes unter diese Vorschrift fallen.[17]) Da aber das Pachtrecht insoweit nachgiebiges Recht ist,[18]) ist eine abweichen-

---

[14]) Nach BGH NJW 1968, S. 392 f., ist das Unternehmen weder eine Sache noch ein Recht, sondern ein Inbegriff von Vermögensgegenständen.

[15]) Dies wurde bereits in RGZ 108, 369 (371) für eine Wechselstube im Bahnhofsgebäude ausgeführt.

[16]) Vgl. Karl Larenz: Lehrbuch des Schuldrechts, Bd. II, 8. Aufl. 1967, § 66 I 6 d, S. 421–424.

[17]) BGH LM § 595 BGB Nr. 2.

[18]) Palandt/Putzo: BGB, 29. Aufl. 1970, § 595 Anm. 1.

de Vereinbarung zulässig. Man hat sich hier bei der abweichenden Vereinbarung am Mietrecht orientiert (vgl. § 565 Abs. 1 Nr. 3 BGB).

§ 3 des Vertrages über den Pachtzins, dessen Vereinbarung nach § 581 Abs. 1 Satz 2 BGB grundsätzlich frei ist, bemißt die Höhe nach dem Umsatz. Diese sog. Umsatzpacht ist der Regelfall bei der Verpachtung von Gaststätten.[19] Sie macht die im letzten Absatz vereinbarten Einblicksrechte in die Geschäftsbücher- und -unterlagen notwendig. Durch die Beteiligung am Umsatz erhält der Kantinenpachtvertrag gesellschaftsähnliche Züge (sog. Teilpacht).[20] Er gehört also zu den partiarischen Rechtsverhältnissen. Ein echtes Gesellschaftsverhältnis im Sinne der §§ 705 ff. BGB liegt dagegen nicht vor, weil die Gewinnerzielung durch den Pächter nicht gemeinsamer Zweck des Vertrages ist. Die im letzten Absatz etwas zusammenhanglos getroffene Vereinbarung, daß die Verpächterin für die Kosten von Gas, Heizung, Strom und Wasser aufkommt, weicht zwar vom dispositiven Pachtrecht ab, da Gebrauchskosten im Zweifel vom Pächter zu tragen sind (arg. §§ 581 Abs. 2, 547 Abs. 1 Satz 1 BGB). Jedoch ist diese Regelung für Kantinen üblich, da der Verpächter hierdurch indirekt den Kantinenbetrieb subventionieren will. Als Ausgleich dafür läßt er sich Einfluß auf Warenangebot und Preisgestaltung einräumen.

§ 4 des Vertrages über die Behandlung des Pachtobjektes geht mit dem Gesetz von einer Erhaltungs- und Sorgfaltspflicht des Pächters aus. Für die Kantinenräume ergibt sich das aus den §§ 581 Abs. 2, arg. 545, 550, 553 BGB. Die in Abs. 2 vereinbarte Anzeigepflicht bezüglich auftretender Schäden ent-

---

19) Vgl. BGH DB 1967, S. 2022 f.

20) RGZ 149, 88 (90).

spricht § 545 BGB. Die Vereinbarung, daß Instandsetzungskosten bis zu DM 50,– vom Pächter zu tragen sind, widerspricht zwar den §§ 547 Abs. 1 Satz 1, 548 BGB. Diese sind aber abdingbar.[21]) Für das Inventar ergibt sich die vereinbarte Erhaltungs- und Sorgfaltspflicht aus § 586 Abs. 1 BGB. Auch wenn man den Kantinenpachtvertrag nicht als Fall der Raumpacht und damit der Grundstückspacht ansieht, sondern als Fall der Unternehmenspacht, so sind gleichwohl nach herrschender Ansicht die Vorschriften der §§ 586 ff. BGB entsprechend anwendbar.[22]) Da nach § 10 des Vertrages das sog. Kleininventar zum Schätzwert übernommen werden muß, ergibt sich in bezug auf diese Gegenstände die Erhaltungspflicht aus den §§ 587, 588 Abs. 2 BGB. Die Rückkaufpflicht hinsichtlich des übernommenen und die Übernahmepflicht hinsichtlich des neu angeschafften Kleininventars nach § 10 Abs. 2 des Vertrages ist gesetzlich näher in § 589 BGB geregelt.

§ 5 des Vertrages enthält die für Kantinenpachtverträge typischen Vereinbarungen über die Geschäftsführung, die diese Verträge von den übrigen Gaststättenpachtverträgen unterscheiden. Zweck des Kantinenbetriebes ist für den Verpächter nicht die Erwirtschaftung eines Gewinnes, sondern die Bereitstellung von Rekreationsmöglichkeiten für seine Mitarbeiter. Dafür ist er oft bereit, die Kantine offen oder versteckt zu subventionieren. Um sicherzustellen, daß die Kantine in erster Linie im Interesse seiner Mitarbeiter geführt wird und damit ein Nebenbetrieb bleibt, der dem Hauptbetrieb dient, muß er Vereinbarungen über die Betriebsführung treffen. Diese oft bis in die Einzelheiten gehenden Vereinbarungen geben dem Kantinenpachtvertrag Züge eines Geschäftsbesorgungsvertrages, wenn nicht gar Dienstvertrages.[23])

---

[21]) Erman/Schoop: Handkommentar zum BGB, 4. Aufl. 1967, § 547 Anm. 5; Palandt/Putzo (FN 18), § 548 Anm. 1.

[22]) Erman/Schoop ebd. Vorbem. 1 zu § 586.

[23]) Für letzteres RGZ 108, 369 (371).

Der Pächter muß bestimmte Öffnungszeiten einhalten, die an den Arbeits- oder Dienstzeiten der Mitarbeiter des Verpächters ausgerichtet sind. Es wird ein bestimmtes Warenangebot vorgeschrieben. Bestimmte Leistungen haben unentgeltlich zu erfolgen. Ein Verzehrzwang wird ausgeschlossen. Um die Interessen der Mitarbeiter zu sichern, wird sogar auf die Preisgestaltung Einfluß genommen. Dieser Einfluß, der uns an späterer Stelle noch ausführlich beschäftigen wird, rückt den Kantinenpachtvertrag besonders stark in die Nähe des Dienstvertrages, weil dem Verpächter insoweit die Freiheit selbständiger wirtschaftlicher Entscheidung genommen wird. Die rechtliche Stellung eines selbständigen Unternehmers kann in Wahrheit eine wirtschaftliche Unselbständigkeit verdecken. Das erscheint bei den üblichen Kantinenpachtverträgen insoweit undenklich, als die Beschränkung der wirtschaftlichen Handlungsfreiheit durch die Subventionierung durch den Verpächter ausgeglichen wird. Das in § 5 Abs. 2 des Vertrages enthaltene Verbot, während der Dienstzeit Alkohol auszuschenken, ist weniger im Interesse der Kantinenbesucher als im Interesse des Verpächters an ungestörtem Arbeitsablauf festgelegt. Der Verpächter kann sich aber insofern auf sein Hausrecht stützen, das z.B. auch dem Vermieter von Räumen die Möglichkeit gibt, eine Hausordnung zu erlassen, die Störungen durch den Mietgebrauch zu verhindern sucht.[24]) Das Hausrecht ist auch die Grundlage für die Vereinbarungen im letzten Absatz von § 5 des Vertrages über die Gestattung der Bewirtung fremder Gäste zu frei kalkulierten Preisen.

§ 6 des Vertrages über das Verbot der Unterverpachtung entspricht den §§ 581 Abs. 2, 549 Abs. 1 Satz 1 BGB.

§ 7 des Vertrages handelt von Haftungsausschlüssen. Ansprüche Dritter aus dem Betrieb der Kantine sollen ausschließlich den Pächter treffen. Das ist für vertragliche Ansprüche selbstverständlich, da der Pächter selbständiger

---

[24]) Vgl. RGZ 108, 369.

Gewerbetreibender sein soll und kein Angestellter. Sonstige Ansprüche gegenüber dem Verpächter aus dem Betrieb der Kantine, für die der Pächter eine Haftpflichtversicherung abschließen soll, sind wohl nur im Hinblick auf die überlassenen Räumlichkeiten samt Einrichtung denkbar, also Ansprüche gegen den Grundstücksbesitzer aus § 836 BGB oder aus § 823 Abs. 1 BGB wegen der Verkehrssicherungspflicht durch Eröffnung des Zugangs für Kantinenbesucher. Der Ausschluß von Ansprüchen des Pächters bei Schadensfällen durch Feuer, Diebstahl, Einbruch u.ä. betrifft ebenfalls Räume und Inventar und stellt abgesehen vom übernommenen Kleininventar (§§ 587, 588 Abs. 1 Satz 1 BGB) eine Abweichung von der Erhaltungspflicht der §§ 881 Abs. 2, 536; 586 Abs. 2 Satz 1 BGB dar.

§ 8 des Vertrages über die Übernahme der Wegereinigungspflicht ist eine zulässige Abweichung von den §§ 581 Abs. 2, 546 BGB, wonach auf der Pachtsache ruhende Lasten an sich durch den Verpächter zu tragen sind.

§ 9 des Vertrages schließlich betrifft den Umfang der Nutzung der Kantine zu Bewirtung „hausfremder" Besucher, wobei in Abs. 3 zu Recht darauf hingewiesen wird, daß keine öffentliche Gaststätte betrieben werden darf, die Nutzung durch Dritte sich also im Rahmen einer Art „Randnutzung" zu bewegen hat.

Als Ergebnis ist mithin festzuhalten, daß der übliche Kantinenpachtvertrag in einer Reihe von Punkten vom gesetzlichen Normaltyp des Pachtvertrages abweicht, darüber hinaus Züge anderer Vertragstypen aufweist, die ihn zu einem gemischtrechtlichen Vertrag machen. So enthält er insbesondere Elemente des Mietvertrages (Räume samt Einrichtung), des Gesellschaftsvertrages (Umsatzpacht als partiarisches Rechtsverhältnis) und des Geschäftsbesorgungsvertrages (Einfluß auf Geschäftsführung und Preisgestaltung).[25]) Insbesonde-

---

[25]) Vgl. RGZ 108, 369 ff.

re das letztere Element unterscheidet den Kantinenpachtvertrag vom üblichen Gaststättenpachtvertrag. Die Unterhaltung einer Kantine gehört in den Bereich der Sozialleistungen des Arbeitgebers oder Dienstherrn. Dies erklärt das Bestreben, die Selbständigkeit des Kantinenpächters zu beschränken.

II. Das „Experiment" der Bundeswehr

B esonders einschränkende Beschränkungen in der Geschäftsführung finden sich bei den Kantinen der Bundeswehr. Die etwa 630 Bundeswehrkantinen wurden seit Gründung der Bundeswehr von dieser durch Einzelpachtverträge an die jeweiligen Kantinenwirte überlassen. Der Inhalt dieser Pachtverträge richtete sich nach den Bestimmungen der ZDv 60/1 des Bundesverteidigungsministeriums. Nachdem im Verteidigungs-Weißbuch 1970 (Nr. 133) die Betriebsform der Bundeswehrkantinen als wenig geeignet bezeichnet wurde, ein zureichendes Warenangebot zu attraktiven Preisen zu gewährleisten, entschloß man sich zu einem „Großversuch" in den Wehrbereichen IV (Hessen, Rheinland-Pfalz, Saargebiet) und VI (Bayern) für die Zeit vom 1. Juli 1972 bzw. 1. Jan. 1973 bis 30. Juni 1974. Den Pächtern gegenüber erklärtes Ziel dieses Großversuches ist es

1. den Einkauf aller Kantinen zu zentralisieren, um in den einzelnen Kantinen einheitliche und günstigere Verkaufspreise zu erreichen, ohne dabei das Einkommen der Pächter zu schmälern,

2. die Selbständigkeit der einzelnen Pächter zu erhalten,

3. durch Zentralisierung der Buchführung, durch zentrale Rechnungsbegleichung, durch Straffung des Warensortiments und weitere Rationalisierungsmaßnahmen die Leistungsfähigkeit der Kantinenbetriebe zu heben,

4. die Bewirtschaftung aller Kleinkantinen, mobile Kantinenversorgung und Bevorratung für den Verteidigungsfall zu erreichen.

1. Der Generalpächter

Zur Erreichung dieses Zieles wurden in den genannten Wehrbereichen sämtliche Kantinen einer privaten Dachgesellschaft verpachtet, die ihrerseits durch einheitlichen, inhaltlich vom Bundeswehrverteidigungsministerium genehmigten Unterpachtvertrag die Kantinen an die einzelnen Kantinenwirte abgibt. Zwischen dem Bundesverteidigungsministerium und dem Einzelpächter wird lediglich hinsichtlich der Räume und der Einrichtung ein sog. Überlassungsvertrag geschlossen. Als Generalpächter erscheint die Kantinenbetriebsgesellschaft mbH (KBG), 8501 Wolkersdorf, Hauptstr. 82. Diese Gesellschaft wurde mit einem Grundkapital von DM 20.000,– am 28.7.1971 durch zwei Gesellschafter gegründet, nämlich dem Kaufmann Georg Zimmermann in Wolkersdorf als Inhaber der Firma Vereinigte Kantinenversorgung Zimmermann KG und dessen Verwandten, Dipl. Kfm. Bernd Zimmermann. Es ist geplant, daß sich der Staat an dieser Gesellschaft beteiligt. Ferner sind die Einzelpächter vom Bundesverteidigungsministerium aufgefordert worden, sich nach Wunsch mit Stammeinlagen von DM 500,– zu beteiligen. Hauptgesellschafter ist aber bisher eine Einzelperson, nämlich Herr Georg Zimmermann, der eine kleinere Kantinenbelieferungsfirma betreibt. Einzelheiten über den Generalpachtvertrag sind nicht bekannt.

2. Die Unterverpachtung

a) Der Pachtvertrag zwischen dem Generalpächter und den Einzelpächtern

Die Unterverpachtung erfolgt durch die Kombination eines Pachtvertrages mit der KBG und eines Überlassungsvertrages mit der Bundeswehr. Auf dem Hintergrund des oben dargestellten typischen Kantinenpachtvertrages enthält der von der Bundeswehr genehmigte Pachtvertrag mit der KBG folgende Besonderheiten:

Die ordentliche Kündigung des auf den Ablauf der Versuchszeit (30. Juni 1974) befristeten Vertrages ist zum Ende eines Kalendervierteljahres mit einer Frist von 6 Monaten zulässig. Als Beispiele für einen wichtigen Grund, der zur fristlosen Kündigung durch den Verpächter berechtigt, werden aufgezählt: Erhebliche Verstöße gegen die Vertragspflichten, Pachtrückstände von mehr als einem Monat, Zahlungsunfähigkeit des Pächters, rechtskräftige Verurteilung zu einer Freiheitsstrafe, staatsgefährdende politische Betätigung, gesundheitliche Gefährdung der Truppe durch ansteckende Krankheiten von längerer Dauer des Pächters oder seiner Familie, grobe Verstöße gegen das Ansehen der Bundeswehr sowie gegen ihre innerdienstliche Ordnung und schließlich Bezug von Waren bei anderen als vom Verpächter benannten Firmen. Jede Kündigung bedarf der vorherigen Zustimmung der betreffenden Wehrbereichsverwaltung. Ferner heißt es: „Bei Organisationsänderungen, z.B. bei Aufhebung der Truppenunterkunft, endet das Vertragsverhältnis mit dem Tage der eintretenden Änderung, es sei denn, daß im Verlaufe der nächsten 6 Monate die Unterkunft neu belegt wird".

Bei der Einstellung von Angestellten hat der Pächter die Zustimmung der Standortverwaltung einzuholen, der die Personalunterlagen vorzulegen sind. Entscheidend ist die Verpflichtung des Pächters, die vom Verpächter bestimmten Waren nur bei den von diesem benannten Firmen zu beziehen und zu den von ihm festgesetzten sowie von der betreffenden Wehrbereichsverwaltung genehmigten Preisen anzubieten. Bestandteil des Vertrages ist ein „Verzeichnis der in der Kantine zu verkaufenden zugelassenen Waren". Nach Nr.5 der ebenfalls zum Vertragsbestandteil erklärten „Allgemeinen Geschäftsbedingungen" dürfen andere als die im Verzeichnis aufgeführten Waren nicht feilgehalten werden. Verpächter und Bundeswehr haben entsprechende Kontrollrechte. Der Unterpachtvertrag enthält weiter Vereinbarungen über die Bindung an den Hauptpächter, die wir z.B. auch beim typischen Tankstellenvertrag finden[26]) und die Zweifel an der Stellung des Einzelpächters als selbständiger Untern ehmer aufkommen lassen. So ist der Pächter verpflichtet, das einheit-

---

[26]) Vgl. M. Rehbinder: Der Tankstellenvertrag im Blickfeld der Rechtstatsachenforschung, 1971, S. 18 ff.

liche Symbol des Verpächters zu verwenden, vom Verpächter angeordnete Maßnahmen zur Absatzförderung durchzuführen und an den Beratungen und Schulungen durch den Verpächter teilzunehmen. Der Verpächter läßt zu den Selbstkosten zentral und einheitlich die Buchführung vornehmen. Er übernimmt im Wege eines zentralen Delcredere die Rechnungsbegleichung für alle Waren. Die Einzelabrechnung erfolgt im Bankeinzugsverfahren, für das der Pächter ein entsprechendes Guthaben unterhalten muß.

Für die Höhe der Umsatzpacht sind Staffelsätze vereinbart, die für Tabakwaren von 1% (ab DM 3.000,– Umsatz) bis 4,5% (ab DM 30.000,–) und für alle übrigen Waren von 1% (ab DM 10.000,–) bis 10% (ab DM 100.000,–) gehen. In Ausnahmefällen hat der Verpächter das Recht, den Pachtzins zu erhöhen oder herabzusetzen. Für die Pachtsumme ist eine Sicherheit von DM 3.000,– zu leisten.

Der Pächter ist ferner verpflichtet, eine Betriebshaftpflichtversicherung abzuschließen. (Deckungssumme für Personenschäden DM 500.000,–, für Sachschäden DM 50.000,–), ferner hat er seinen Betrieb gegen Feuer-, Einbruchdiebstahl- und Leitungswasserschäden zu versichern und darin im Rahmen der allgemeinen Versicherungsbedingungen die Einrichtungsgegenstände zu Gunsten der Bundesrepublik einzubeziehen.

Die Zigarettenautomaten werden vom Verpächter gestellt und sind vom Pächter in eigener Verantwortung zu füllen und zu warten.

Schließlich wird auf § 27 des Gaststättengesetzes hingewiesen, nach dem Truppenkantinen nicht der Schankerlaubnispflicht und der Polizeistunde unterliegen, und der Pächter wird zur Einhaltung der Vorschriften über Getränkeschankanlagen (BGBl 1962 I 561) verpflichtet.

Während der eigentliche Pachtvertrag nur 17 Paragraphen enthält, ist die nähere Regelung der Pächterpflichten in den Allgemeinen Geschäftsbedingungen enthalten, die weit umfangreicher in 27 Punkten eine Fülle von Einzelfragen regeln. Hier seien nur die wichtigsten Punkte herausgegriffen, die für die spätere rechtliche Beurteilung von Bedeutung sind:

In Nr. 1 wird zu Beginn unter der Überschrift: Allgemeine Pflichten des Pächters festgestellt: „Der Kantinenwirtschaftsbetrieb ist Teil einer sozialen Betreuungseinrichtung zum Wohle der Soldaten." Sodann wird der Pächter als selbständiger und selbstverantwortlicher Gewerbetreibender bezeichnet, der sämtliche Steuern, Abgaben und Lasten selbst trägt und der gewerbepolizeilichen Aufsicht untersteht. Auf dem Gebiete der Lebensmittelüberwachung werden die Sanitätsorgane der Bundeswehr für zuständig erklärt.

In Nr. 2 ist der Kreis der Kantinenbenutzer auf die Angehörigen der Bundeswehr sowie deren gelegentliche Besucher beschränkt. Das Hausrecht in der Kantine steht nach Nr. 3 der Standortverwaltung zu, die es zur Wahrnehmung auf den Pächter überträgt. Das Warenangebot ist in Nr. 5 auf das vorgeschriebene Warenverzeichnis beschränkt, wobei für eine ständige Vorratshaltung zu sorgen ist. Darüber hinaus kann die Standortverwaltung ohne Ersatzanspruch des Pächters die Abgabe einzelner Waren für bestimmte Zeiten beschränken.

Absprachen mit den vom Verpächter vorgeschriebenen Lieferfirmen (Nr. 7), Werbung (Nr. 8) und vor allem die Preisgestaltung ohne Ausnahme (Nr. 9) ist Sache des Verpächters. Hat der Verpächter ausnahmsweise den Bezug bestimmter Waren freigestellt, muß der Pächter die Preisberechnung der Standortverwaltung vorlegen. Dabei sind ihm – im übrigen auch dem Verpächter – die Verdienstaufschläge in Prozentsätzen je nach Waren einzeln vorgeschrieben. Sie reichen von 20 % (Trinkmilch) bis zu 90 % (Spirituosen im Glas) und betragen im Durchschnitt 50 %.

Nach Nr. 11 ist Kreditgewährung verboten. Alle verwandten Maße müssen geeicht sein (Nr. 12). Die Öffnungszeiten setzt die Standortverwaltung fest. Werktags beträgt die Öffnungszeit für Mannschaften bis 22 h 00, für Unteroffiziere bis 23 h 00. Warenverkauf ist auch an Sonn- und Feiertagen zulässig (Nr. 13). Aus Gründen der militärischen Sicherheit bestehen eingehende Vorschriften über Verschwiegenheit (Nr. 14), das Betreten von Dienstgebäuden (Nr. 15), Kasernenausweise (Nr. 16), Regelungen für Besucher (Nr. 17). Ferner bestehen Vorschriften über Tierhaltung (Nr. 18), über Personal (Nr. 19) und ärztliche Untersuchungen (Nr. 20). Weitere Vorschriften betreffen die Buchführung (Nr. 21), Umsatz- und Pachtberechnung (Nr. 22, 23) und die Verpflichtung zur Vorlage einer Erfolgsrechnung (Nr. 25). Den Schluß bildet die Zusage der Standortverwaltung, die Geschäftsunterlagen vertraulich zu behandeln.

b) Der Überlassungsvertrag zwischen der Bundeswehr und den Einzelpächtern

Inhaltlich verbunden mit dem Pachtvertrag zwischen der KBG und dem Einzelpächter ist der Überlassungsvertrag, den die BRD, vertreten durch den Bundesminister der Verteidigung, dieser vertreten durch die betreffende Wehrbereichsverwaltung, diese wiederum vertreten durch die jeweilige Standortverwaltung, mit dem Einzelpächter schließt. Die Standortverwaltung überläßt die Räumlichkeiten samt Einrichtungsgegenständen unentgeltlich. Über eventuell gestellte Wohnräume und Unterbringungsräume für Personal wird ein gesonderter Mietvertrag abgeschlossen. Kosten für Strom, Gas und Wasserverbrauch sowie die Heizungskosten für die Wirtschaftsräume trägt der Pächter. Die entsprechenden Kosten für die Aufenthaltsräume trägt die Standortverwaltung. Die Unterhaltung und Ergänzung der „bauseitig gestellten" Einrichtungsgegenstände und Geräte obliegt der Standortverwaltung, die übrigen Einrichtungsgegenstände und Geräte hat der Pächter zu unterhalten und zu ergänzen, soweit sie nicht einen Einzelanschaffungswert von DM 300,– übersteigen. Die Ersatzgegenstände, die durch den Pächter beschafft werden, gehen in das Eigentum des Bundes über. An den eingebrachten Sachen des Pächters ist ein Pfandrecht unter entsprechender Geltung der §§ 581 Abs. 2, 559 ff. BGB vereinbart.

III. Die rechtliche Beurteilung des „Experiments" der Bundeswehr

Die vorstehend geschilderte vertragliche Situation der Einzelpächter von Bundeswehrkantinen im Bereich des Bundeswehrexperiments weicht in vielen Punkten zu Ungunsten der Pächter vom eingangs abgedruckten typischen Kantinenpachtvertrag ab. Insbesondere wird die Abhängigkeit der Einzelpächter gegenüber der Bundeswehr und dem Generalpächter in einem Ausmaß vereinbart, das zu schweren rechtlichen Bedenken Anlaß gibt. Ein Teil der von den üblichen Kantinenpachtverträgen abweichenden Klauseln lassen sich allerdings mit der Besonderheit erklären, daß Bundeswehrkantinen, wie im Unterpachtvertrag festgestellt wird, nicht dem Gaststättengesetz unterliegen.

1. Die Besonderheiten von Kantinen, die nicht dem Gaststättengesetz unterliegen

Dies ergibt sich heute aus § 25 des Gaststättengesetzes vom 5.5.1970 (BGBl I 465) und nicht, wie es im Unterpachtvertragsformular noch heißt, aus § 27 der inzwischen aufgehobenen älteren Fassung des Gesetzes vom 24.4.1930. Nach § § 25 GastG findet das Gesetz keine Anwendung auf Betreuungseinrichtungen, insbesondere Kantinen und Kameradschaftsheime, der im Geltungsbereich des Gesetzes stationierten ausländischen Streitkräfte, der Bundeswehr, des Bundesgrenzschutzes oder der in Gemeinschaftsunterkünften untergebrachten Polizei sowie auf die Messen an Bord, soweit sich diese Betriebe überwiegend auf die Bewirtung der Angehörigen dieser Verbände beschränken. Dasselbe gilt für Betreuungseinrichtungen der Bundespost und für Luftfahrzeuge (§ 25 Abs. 1 GastG). Ebenfalls keine Anwendung findet das Gaststättengesetz nach § 41 Abs. 1 des BundesbahnG in Verbindung mit § 35 GastG auf den Betrieb der deutschen Bundesbahn und Nebenbetriebe, die den Bedürfnissen des Eisenbahn- und Schiffahrtsbetriebes und -verkehrs der Deutschen Bundesbahn zu dienen bestimmt sind, ferner im Rahmen der VO über die Anwendung des Gaststättengesetzes auf Bahnhofswirtschaften und andere Nebenbetriebe von nichtbundeseigenen Eisenbahnen des öffentlichen Verkehrs (BGBl 1963 I 315, 1970 I 113) auf die entsprechenden Gastwirtschaften von Privatbahnen.

Die Tatsache, daß bestimmte Gastwirtschaften aus der gewerbepolizeilichen Regelung des Gaststättengesetzes ausgenommen sind, der Gesetzgeber insoweit also die Funktion der Gewerbepolizei für entbehrlich gehalten hat, macht deutlich, daß bei Pachtverträgen über Kantinen dieser Art der Verpächter zugleich Kontrollrechte ausüben muß, die der Gewerbepolizei ähneln. Die gewerberechtlichen Verpflichtungen werden im Pachtvertrag zum Ausgleich mit den besonderen Bedürfnissen des „Hauptbetriebes" gebracht. In den Pachtbedingungen sind demzufolge im Kern gewerberechtliche Bestimmungen enthalten, die auf diese Weise als ursprünglich öffentlich-rechtliche ins Privatrecht transponiert werden[27]). Dies ist einer der Gründe, warum die Bundeswehr Einfluß auf die Unterpachtverträge der KBG nehmen muß. Zu diesen gewerbepolizeilichen Bestimmungen des Pachtvertrages über Bundeswehrkantinen gehören alle Vorschriften über Umstände, die bei Gastwirtschaften einen Grund für die Versagung, die Rücknahme oder den Widerruf der gewerberechtlichen Erlaubnis oder für die Untersagung eines erlaubnisfreien Betriebes darstellen können (vgl. §§ 4, 15, 16 GastG). Von den oben genannten Bestimmungen des Unterpachtvertrages sind dies die Vereinbarung eines Grundes für die sofortige Kündigung bei rechtskräftiger Verurteilung zu einer Freiheitsstrafe, bei staatsgefährdender politischer Betätigung und bei gesundheitlicher Gefährdung der Truppe. Aus den Allgemeinen Geschäftsbedingungen sind dies die Vorschriften über die Lebensmittelüberwachung durch die zuständigen Sanitätsorgane der Bundeswehr, über die ausschließliche Verwendung geeichter Maße, über das Verbot der Tierhaltung und über die ärztlichen Untersu-

---

[27]) Vgl. näher Karl Bauer: Die Vergebung von Räumen und Flächen für gewerbliche Zwecke in Bahnhöfen und auf Bahnhofsvorplätzen, in NJW 1950, S. 331–333 (331).

chungen. Weiter wird die gewerbepolizeiliche Aufsicht über das Personal nach § 21 GastG ersetzt durch die Bestimmung im Unterpachtvertrag über die Zustimmungsbedürftigkeit von Personaleinstellungen und durch die Vorschriften in den Allgemeinen Geschäftsbedingungen über Personal (insbesondere über die Beschäftigung weiblichen Personals). § 19 GastG schließlich über die Möglichkeit eines vorübergehenden Verbots des Ausschanks alkoholischer Getränke aus besonderem Anlaß kehrt in den Allgemeinen Geschäftsbedingungen wieder als Möglichkeit der Beschränkung der Abgabe bestimmter Waren für bestimmte Zeit.

Soweit im Rahmen des Pachtverhältnisses im vorstehenden Sinne gewerbepolizeiliche Befugnisse vereinbart sind, bestehen gegen die Rechtsgültigkeit dieser Vereinbarungen keine rechtlichen Bedenken.

2. Die Bindung von Kantinen an besondere Aufgabenstellungen des „Hauptbetriebes"

Neben den gerwerbepolizeilichen Regelungen enthält der Pachtvertrag für Bundeswehrkantinen noch weitere in ihrem Charakter ursprünglich öffentlich-rechtliche Bestimmungen, die dadurch begründet sind, daß die Kantine besondere Aufgabenstellungen des „Hauptbetriebes", hier den hoheitlichen Funktionen der Bundeswehr dienen soll. Die Ausrichtung an diesen Funktionen und der Schutz dieser Funktionen werden bezweckt, wenn im Unterpachtvertrag als Grund für eine fristlose Kündigung eine staatsgefährdende Betätigung und grobe Verstöße gegen das Ansehen der Bundeswehr und gegen ihre innerdienstliche Ordnung vereinbart sind, wenn Einfluß auf die Einstellung von Personal genommen werden kann, wenn das Warenangebot bestimmt wird, wenn in den Allgemeinen Geschäftsbedingungen eingehende Vorschriften über Verschwiegenheit, das Betreten der Dienstgebäude, über den Kasernenausweis und über den Zutritt von bundeswehrfremden Besuchern enthalten sind. Alle diese Regelungen sind im Hinblick auf Zweckbestimmung und Aufgabenstellung der Bundeswehr nicht zu b eanstanden.

Dagegen begegnet es erheblichen rechtlichen Bedenken, wenn im Hinblick auf die Erfordernisse der Bundeswehr vereinbart wird, daß das Pachtverhältnis „bei Organisationsänderungen, z.B. bei Aufhebung der Truppenunterkunft, mit dem Tage der eintretenden Änderung" endet. Es mag sein, daß diese Vorschrift in der Praxis nicht so gehandhabt wird, wie sie im Vertragstext steht. Der Formulierung nach wird hier jedoch der Pächter um jegliche Kündigungsfrist gebracht. Zwar ist § 595 Abs. 1 BGB ebenso wie § 565 Abs. 1 BGB nachgiebiges Recht. Es würde aber berechtigte Interessen des Pächters verletzen, wenn dieser von heute auf morgen seine wirtschaftliche Existenz verlieren könnte. Aus dem Gesichtspunkt von Treu und Glauben (§ 242 BGB) wird man daher die Bundeswehr für verpflichtet halten müssen, den Pächter wenigstens nach endgültiger Entscheidung über die Organisationsänderung von dieser unverzüglich in Kenntnis zu setzen, damit er sich darauf einstellen kann[28]). Allerdings braucht sie das nicht früher zu tun, als die im übrigen vereinbarte vertragliche Kündigungsfrist laufen würde. Die Tatsache, daß der Pachtvertrag mit der KBG abgeschlossen wird, führt dann dazu, daß sich eine eventuelle Schadensersatzpflicht wegen Verletzung der Ankündigungspflicht gegen die KBG richten würde. Die Bundeswehr ist insoweit Erfüllungsgehilfe der KBG (§ 278 BGB)[29]).

3. Die Bindung von Kantinen durch ihren Betreuungszweck

Mit der eben aus den Allgemeinen Geschäftsbedingungen zitierten Feststellung: „Der Kantinenwirtschaftsbetrieb ist Teil einer sozialen Betreuungseinrichtung zum Wohle der Soldaten" wird die für Kantinen typische Einordnung in die Fürsorgeleistungen des Arbeitgebers oder Dienstherrn zum Ausdruck gebracht[29a]).

---

[28]) Über den Einfluß der Treuepflicht auf das Kündigungsrecht vgl. Peter Ulmer: Der Vertragshändler, 1969, S. 459 ff., 481 ff.

[29]) Vgl. auch BAG 19, 324 ff., wonach sich bei arbeitnehmerähnlichen Personen wie Kameraleuten eine Pflicht zum Ankündigen des Auslaufens der Verträge mit einer Auslauffrist von 14 Tagen aus der Fürsorgepflicht ergibt.

[29a]) Kantinen sind „Sozialeinrichtungen" im Sinne des Betriebsverfassungsrechts (§ 87 Abs. 1 Nr. 8 BetrVG) und Personalvertretungsrechts und unterliegen daher der Mitbestimmung, vgl. BAG AP Nr. 6 zu § 56 BetrVG von 1952.

Im Kantinenpachtvertrag wird die Zuordnung zu den Fürsorgeleistungen dadurch sichergestellt, daß die Selbständigkeit des Kantinenpächters in der Wirtschaftsführung eingeschränkt wird, was meist mit einer offenen oder versteckten Subventionierung durch den Pächter einhergeht, um die Leistungen der Kantine den Besuchern möglichst gut und preiswert zukommen zu lassen. Auf der anderen Seite wird in den Allgemeinen Geschäftsbedingungen sogleich nach der Charakterisierung der Bundeswehrkantinen als soziale Betreuungseinrichtung betont, der Pächter sei ein selbständiger und selbstverantwortlicher Gewerbetreibender, der sämtliche Steuern, Abgaben und Lasten selbst trage und der gewerbepolizeilichen Aufsicht unterstehe. Daß letzteres nur sehr beschränkt, nämlich unter Ausschluß der Geltung des GastG der Fall ist, haben wir bereits gesehen. Das Problem der rechtlichen Beurteilung von Bundeswehrkantinenpachtverhältnissen liegt nun darin, daß hier die Bindung des Pächters ein derartiges Maß angenommen hat, daß von einer Stellung als selbständiger Gewerbetreibender in Wahrheit nicht mehr die Rede sein kann. Es liegt vielmehr im Innenverhältnis ein Angestelltenverhältnis vor, dem nach außen hin Züge eines Pachtverhältnisses gegeben werden. Das ergibt sich aus folgendem:

Der Pächter eines Unternehmens ist selbständiger Unternehmer. Er führt das Unternehmen für sich, d.h. unter eigenem Namen und auf eigenes Risiko, und nicht für den Verpächter, und zwar auch dann, wenn er aus dem Pachtvertrage zur Führung des Unternehmens verpflichtet ist. Die Pflicht zur Führung des Unternehmens kann sich darauf gründen, daß andernfalls das verpachtete Unternehmen an Wert verlieren würde, oder darauf, daß durch Vereinbarung einer Umsatzpacht ein partiarisches und damit gesellschaftsähnliches Rechtsverhältnis vorliegt. Sie ändert aber nichts an der Stellung des Pächters als selbständiger Unternehmer. Auch der Umstand, daß Kantinenbetriebe in den Bereich der Fürsorgeeinrichtungen des Arbeitgebers oder Dienstherrn gehören, ändert grundsätzlich nichts an der Selbständigkeit des Pächters. Soweit der Pächter nämlich mit seiner Betriebsführung zugleich Interessen des Arbeitgebers oder Dienstherrn wahrnimmt, hat der Pachtvertrag Züge eines Geschäftsbesorgungsvertrages. Geschäftsbesorgungsverträge lassen aber die Stellung der Geschäftsbesorger als selbständige Unternehmer unberührt.

Allerdings bringt es die Geschäftsbesorgung mit sich, daß der Geschäftsherr dem Geschäftsbesorger Weisungen erteilen kann. Diese Weisungsbefugnis hebt jedoch die Selbständigkeit des Geschäftsbesorgers nicht auf. Gegensatz zur Selbständigkeit eines Unternehmers ist nämlich die Abhängigkeit eines Arbeitnehmers. Der Arbeitnehmer ist in die Organisation eines fremden Unternehmers eingegliedert und untersteht, soweit er nicht die Stellung eines leitenden Angestellten hat, der umfassenden arbeitsrechtlichen Weisungsgewalt des betreffenden Unternehmers. Geschäftsbesorger wie Handelsvertreter und andere kaufmännische Hilfspersonen (Kommissionäre, Spediteure oder Lagerhalter) sind demgegenüber selbständige Gewerbetreibende und Arbeitgeber ihrer eigenen Angestellten. Sie sind den Weisungen ihres Geschäftsherrn (Auftraggebers) nur in bezug auf die Ausführung des Auftrages, also der übertragenen Aufgaben, nicht aber in bezug auf die Durchführung oder Ausgestaltung ihres eigenen Unternehmens unterworfen. Die Weisungen des Geschäftsherrn müssen mithin im Gegensatz zum Arbeitsverhältnis als Abhängigkeitsverhältnis die persönliche Freiheit des Geschäftsbesorgers unberührt lassen. Was in diesem Sinne unter persönlicher Freiheit zu verstehen ist, definiert das Gesetz für den Handelsvertreter wie folgt: „Selbständig ist, wer im wesentlichen frei seine Tätigkeit gestalten und seine Arbeitszeit bestimmen kann" (§ 84 Abs. 1 Satz 2 HGB).

a) Die Weisungsgebundenheit des Kantinenpächters

Es ist also eine Frage des Grades der Weisungsgebundenheit, ob im Einzelfall nur die Bindung eines selbständigen Geschäftsbesorgers oder die Bindung eines unselbständigen Arbeitnehmers vorliegt. Sieht man daraufhin die Vereinbarungen des Kantinenpachtverhältnisses im Rahmen des Bundeswehrexperimentes durch, so enthalten sie Weisungsbefugnisse der verschiedensten Art. Ein Teil davon soll sicherstellen, daß der Pächter die öffentlich-rechtlichen Pflichten eines selbständigen Gewerbetreibenden erfüllt, so die Überwachung der Buchführung, die Verpflichtung zur Einhaltung der Vorschriften über Getränkeschankanlagen oder die Vorschriften über die Lebensmittelüberwachung. Diese Vorschriften stehen schon deshalb der Annahme eines selbständigen Tätigkeitsbereiches des Pächters nicht entgegen, weil es um die Einhaltung öffentlich-rechtlicher Pflichten geht, die Bundeswehr hier zum Teil auch die Stellung der Gewerbepolizei einnimmt.

Andere Weisungen betreffen die Behandlung der Pachtgegenstände, insbesondere des Eigentums der Bundeswehr. Sie finden sich im Überlassungsvertrag, der zwischen der Bundeswehr und dem Einzelpächter abgeschlossen wird, ferner im Unterpachtvertrag, soweit dort eine Versicherungspflicht vorgeschrieben ist. Weisungen dieser Art stehen ebenfalls der Annahme eines selbstständigen Tätigkeitsbereiches des Pächters rechtlich nicht entgegen; denn es geht hier um die Nutzung fremden Eigentums im Pachtverhältnis, und die Weisungen stellen noch keine konkreten Anweisungen für den Einzelfall dar, wie sie nach dem Weisungsrecht einem Arbeitgeber möglich wären.

Weisungen können ferner faktisch im Rahmen des Mitspracherechts bei der Beschäftigung von Personal ausgeübt werden. An sich ist ein Mitspracherecht dieser umfassenden Art ein Eingriff in die persönliche Selbständigkeit des Geschäftsbesorgers. Hier ist jedoch zu beachten, daß auf der Verpächterseite gewerbepolizeiliche Befugnisse und die Sicherung der besonderen Aufgabenstellung der Bundeswehr eine Überwachung des Kantinenpersonals rechtfertigen. Insoweit ist also das Mitspracherecht der Standortverwaltung berechtigt. Sollte es jedoch unter Berufung auf die weite Fassung im Hinblick auf andere Gründe ausgeübt werden (z.B. der Kommandeur liebt als Servierpersonal nur blonde Frauen), ist ein entsprechendes Hineinregieren in die Entscheidungsbefugnis des Pächters ein Eingriff in seine Selbständigkeit als Gewerbetreibender.

Weisungen finden sich auch hinsichtlich der Kantinenöffnungszeiten. Sie rechtfertigen sich aus der Bindung der Geschäftsführung an den Betreuungszweck der Kantine. Man muß jedoch sehen, daß durch die langen Öffnungszeiten die Pächter kleinerer Kantinen, die sich keine oder nur wenige Hilfskräfte leisten können, häufig 14 Stunden täglich Dienst tun müssen und auf diese Weise zu einer Arbeitszeit gezwungen werden, die weit über die eines vergleichbaren unselbständigen Arbeitnehmers hinausgeht.

Der Hauptteil der vereinbarten Weisungsbefugnisse betrifft die eigentliche Geschäftsführung. Davon sind wiederum einige durch den Betreuungszweck der Kantine motiviert, nämlich die Verpflichtung zur Vorratshaltung bestimmter Waren, der Ausschluß anderer Waren und die Überwachung der Preisgestaltung mit Festlegung bestimmter Verdienstaufschläge, ferner das Verbot der Kreditgewährung. Allerdings geschieht der Ausschluß anderer Waren zugleich im Interesse der KBG, die damit eine Ausschließlichkeitsbindung an ihr Unternehmen und an die von ihr bestimmten Lieferanten bewirken will. Diese Ausschließlichkeitsbindung wird uns sogleich beschäftigen. Hier soll zunächst nur festgestellt werden, daß diese und andere Weisungsbefugnisse wie die Sicherstellung einheitlicher Buchführung oder die Übernahme der Rechnungsbegleichung alle in den Gesamtplan gehören, die Wirtschaftsführung der Kantine so zu gestalten, daß ihre Leistungen besonders preisgünstig erfolgen können. Auch die Verpflichtung zur Teilnahme an der Beratung und Schulung durch die KBG dient dem Ziel nach dem Interesse der Bundeswehrangehörigen. Der Pächter soll dieses Interesse im Wege der Geschäftsbesorgung für die Bundeswehr wahrnehmen. Vorausgesetzt, dem Pächter verbleibt noch eine ausreichende eigene kaufmännische Dispositionsbefugnis, um ihn noch als selbständigen Gewerbetreibenden ansehen zu können, ist gegen Rationalisierungsmaßnahmen und Preisfestsetzungen im Wege der Weisung vom Zivilrecht her nichts einzuwenden, solange die berechtigten Belange des Pächters gewahrt bleiben und dieser nicht um seine Verdienstmöglichkeit gebracht wird. Denn Kantinen sind im Gegensatz zu Gaststätten Sozialeinrichtungen.

b) Das Auftreten des Kantinenpächters gegenüber Dritten

Neben dem Grade der Weisungsabhängigkeit im Innenverhältnis soll es für die Stellung als selbständiger Gewerbetreibender auch auf das Auftreten gegenüber Dritten ankommen[30]). Die meisten der Kriterien eines selbständigen Auftre-

---

30) Vgl. Rehbinder: Der Tankstellenvertrag (FN. 26), S. 23–25. Zweifel gegenüber dieser aus dem Steuerrecht stammenden Auffassung wohl zu Recht bei Fritz Rittner: Vertragshändler und Vertragshändlervertrag, in ZHR 135 (1971), S. 62–77 (76).

tens nach außen sind von den Kantinenpächtern der KBG erfüllt. Sie sind Mitglied der Industrie- und Handelskammer, nehmen selbständig die von der IHK kontrollierten Anmeldungen zum Handelsregister und die Anmeldungen zum Gewerbeamt vor. Sie führen eigene Handelsbücher und tragen ihre Unkosten selbst. Soweit sie letzteres nicht tun, wie bei den Energiekosten für die Aufenthaltsräume, ist dies eine der Subventionierungsformen von Kantinen, die mit Beschränkungen in der Preisgestaltung einhergehen, also zu einem teilweisen Verlust der kaufmännischen Dispositionsfreiheit führen, aber durch die Bindung an den Betreuungszweck gedeckt sind. An der Selbständigkeit der Kantine nach dem äußeren Erscheinungsbild ändert dies nichts, weil die Kantinenräume durch ihre räumliche Eingliederung in die Organisation des Arbeitgebers oder Dienstherrn ohnehin in den Augen der Allgemeinheit diesem zugerechnet werden, ohne daß dies am Auftreten des Kantinenpächters im kaufmännischen Verkehr als selbständiger Gewerbetreibender etwas ändern muß.

Zweifel am selbständigen Auftreten nach außen könnten aber hinsichtlich der Regelung des Hausrechts bestehen. Da nach den Allgemeinen Geschäftsbedingungen das Hausrecht in der Kantine der Standortverwaltung zusteht, die es lediglich zur Wahrnehmung auf den Pächter überträgt, hat der Pächter keinen eigenen Pachtbesitz an den Räumen, sondern ist nur Besitzdiener der Standortverwaltung (§ 855 BGB). Aus diesem Grunde kann hier auch keine Raumpacht, sondern nur eine Unternehmenspacht vorliegen. Dies ist jedoch ebenfalls nur eine Besonderheit gewisser Kantinen gegenüber Gastwirtschaften. Die Kantine dient als soziale Einrichtung dem „Hauptbetrieb" und ist ihm räumlich eingegliedert. Der Arbeitgeber oder Dienstherr möchte nun in einigen Fällen nicht als Verpächter das Hausrecht aufgeben, um Betriebsstörungen unterbinden zu können. Mit der kaufmännischen Selbständigkeit des Kantinenpächters hat das Hausrecht also nichts zu tun.

Ein entscheidendes Kriterium für das selbständige Auftreten gegenüber Dritten ist das Handeln unter eigenem Namen. Der Kantinenpächter beschäftigt sich mit der Anschaffung und Weiterveräußerung von Waren, ist also Kaufmann nach § 1 Abs. 2 Nr. 1 HGB. Als solcher tritt er im Geschäftsleben unter seiner Firma (§ 17 HGB) oder, falls er Minderkaufmann ist, unter seinem bürgerlichen Namen au f Dieses Erscheinungsbild als selbständiger Kaufmann wird aber getrübt, wenn der Pächter durch den Pachtvertrag gezwungen wird, das Symbol der KBG zu verwenden. Beim Publikum wird dadurch ein ähnlicher Eindruck erweckt wie etwa bei den Speisewagen der Bundesbahn durch Verwendung des Symbols der „Mitropa". Es kann nämlich dadurch zur Annahme gelangen, der Pächter sei Leiter einer Filiale der KBG. Auch dies wird jedoch nicht für ausreichend erachtet, um die Stellung als selbständiger Gewerbetreibender zu verneinen. Die Verwendung von Symbolen des Lieferanten durch einen im übrigen selbständigen, wenn auch an den Lieferanten noch in sonstiger Weise gebundenen Kaufmann ist nämlich typisch für den Vertragshändler.

c) Ausschließlichkeitsbindungen des Kantinenpächters

Der Vertragshändler ist ein selbständiger Gewerbetreibender, der ständig damit betraut ist, im eigenen Namen und auf eigene Rechnung Waren zu vertreiben und ihren Absatz zu fördern. Wesentliches Kriterium, das ihn von anderen Gewerbetreibenden abhebt, ist also die Pflicht zur Vertriebs- und Absatzförderung unter Eingliederung in eine fremde Verkaufsorganisation[31]). Es handelt sich beim Vertragshändler um ein gesetzlich nicht geregeltes Interessenwahrungsverhältnis, das zu den Geschäftsbesorgungsverträgen gehört. Dieses Geschäftsbesorgungsverhältnis ist oft durch eine Ausschließlichkeitsbindung gekennzeichnet. Der Kantinenpachtvertrag mit der KBG enthält nach außen Elemente eines solchen Vertragshändlervertrages. Denn der Pächter ist verpflichtet, die von der KBG angeordneten Maßnahmen zur Absatzförderung durchzuführen und an ihren Beratungen und Schulungen teilzunehmen. Er

---

[31]) So BGH NJW 1971, S. 29 und insbesondere Rittner (FN. 30), S. 68, der sich dabei zu Recht gegen die Begrenzung des Vertragshändlerbegriffes auf den Vertrieb von Markenwaren durch P. Ulmer (FN. 28) wendet.

ist verpflichtet, seine Waren ausschließlich vom Verpächter oder den von ihm benannten Firmen zu beziehen und sein Symbol zu verwenden. Zur Sicherung dieser Bezugsbindung ist der Verstoß dagegen als Grund zur fristlosen Kündigung niedergelegt.

Eine strengere Ausschließlichkeitsbindung als diese ist nicht möglich. Sie geschieht zu dem erklärten Zweck, die Bundeswehrkantinen im Interesse der Bundeswehrangehörigen möglichst attraktiv zu machen. Dazu notwendiger und beabsichtigter Nebenzweck ist selbstverständlich, der KBG eine wirtschaftliche Machtstellung zu verschaffen, die sie im freien Wettbewerb anders nicht erringen könnte. Diese wirtschaftliche Machtstellung hat eine zentrale Kantinenbewirtschaftung zum Ziel und hebt dadurch die Selbständigkeit der Kantinenpächter auf. Die bei Kantinen durch den Betreuungszweck gerechtfertigte Weisungsgebundenheit wird durch ihre Kombination mit der Ausschließlichkeitsbindung in einem Ausmaß verstärkt, daß sie die selbständige kaufmännische Dispositionsbefugnis der Pächter völlig beseitigt. Der Betreuungszweck rechtfertigt nur die Weisungsabhängigkeit eines Geschäftsbesorgungsverhältnisses. Es muß aber noch ein Rest Entscheidungsbefugnis des Geschäftsbesorgers übrig bleiben. Sonst liegt ein Angestelltenverhältnis vor.

4. Der Pachtvertrag der Einzelpächter als sittenwidriger Vertragshändlervertrag

Betrachtet man den Pachtvertrag der KBG unter dem Gesichtspunkt eines Vertragshändlervertrages und fragt man, ob hier dem Vertragshändler noch die Stellung eines selbständigen Gewerbetreibenden mit eigener kaufmännischer Dispositionsbefugnis übrig bleibt, so muß man diese Frage schlechthin verneinen. Dem Pächter verbleibt gegenüber der KBG kein größerer Aktionsradius als dem Leiter eines Lebensmittelkettenladens. Er ist im Kern kaufmännischer Angestellter mit gewissen Leitungsbefugnissen. Denn seine Kantine ist wirtschaftlich und organisatorisch in das Absatzsystem der KBG eingegliedert, das ausschließlich von dieser gelenkt wird. Der Pächter hat ein Verzeichnis von Waren vorrätig zu halten, deren Lieferfirmen ihm vorgeschrieben sind, ohne daß er eigene Bezugsabsprachen treffen kann. Auch die Preisgestaltung ist ihm vorgeschrieben. Ihm bleibt also lediglich wie dem Leiter einer Lebensmittelfiliale übrig, nach Absatz bestimmter Warenmengen neue anzufordern und diese – gegebenenfalls nach Verarbeitung – mehr oder weniger geschickt abzusetzen. Dabei sind ihm Werbung und sonstige Absatzförderung im großen und ganzen vorgeschrieben. Die Buchführung muß er zur zentralen Erledigung ausser Haus geben; selbst die Rechnungsbegleichung ist nicht mehr seine Sache. Sie wird von der KBG im Bankeinzugsverfahren vorgenommen. Das einzig Selbständige an seiner kaufmännischen Tätigkeit ist nach allem der Umstand, daß er das wirtschaftliche Risiko trägt. Eine derartige Vertragsgestaltung ist als Rechtsmißbrauch anzusehen, der zur Nichtigkeit des Pachtvertrages nach § 138 BGB führt.

Ein Auseinanderfallen von Entscheidungsgewalt und Risiko findet an sich in jedem Vertragshändlerverhältnis statt und wird als solches gegenwärtig nicht beanstandet[32]). Lediglich Josef Kohler hat früher die Auffassung vertreten, eine Verpflichtung, den ganzen Bedarf eines Handelsgeschäftes in einer bestimmten Ware von einem Lieferanten zu beziehen, sei als Verstoß gegen § 138 BGB zu behandeln, wenn die Entscheidung über Qualität und Preis der Ware dem Lieferanten anheimgestellt ist[33]). Die h. M. in Literatur und Rechtsprechung hat demgegenüber eine sittenwidrige Knebelung durch Bezugsverpflichtungen nur dann angenommen, wenn dem Betroffenen gleichzeitig die Ausübung der Geschäftsführung verwehrt wurde. Eine Knebelung durch Bezugsverpflichtungen liegt mithin nur dann vor, wenn die (rechtlichen oder faktischen) Weisungs- und Kontrollrechte des Lieferanten soweit gehen, daß sie den Vertragshändler praktisch zum Angestellten in seinem Geschäftsbetrieb machen[34]). Sittenwidrigkeit im Sinne des § 138 BGB ist also nicht erst

---

[32]) Ulmer (FN. 28), S. 355–357.

[33]) J. Kohler: Bezugsverträge und § 138 BGB, in ArchbürgR 31 (1908), S. 237 (240); ihm folgend Huppertz: Die Grenzen zulässiger Bindung der wirtschaftlichen Bewegungsfreiheit, Diss. Köln 1935, S. 38.

[34]) Ulmer (FN. 28), S. 356, 420 f.

gegeben, wenn die wirtschaftliche Existenz des Betroffenen bedroht ist, sondern bereits dann, wenn die Größe des Risikos zu dem Grade der Abhängigkeit in einem Mißverhältnis steht. Dabei sind zwei verschiedene Abhängigkeiten zu unterscheiden: diejenige des Vertragshändlers, der zwecks selbständiger kaufmännischer Betätigung in eine fremde Absatzorganisation eingegliedert wird, und diejenige des Arbeitnehmers, der zwecks Arbeitsleistung in einen fremden Betrieb eingegliedert wird. Der Arbeitnehmer kann dabei durchaus zu fachlich unabhängiger, selbständiger Arbeit verpflichtet sein, wie das beim Chefarzt eines Krankenhauses, beim Sachverständigen der Technischen Überwachungsvereine, aber auch bei allen leitenden Angestellten der Fall ist, von denen man ja gerade selbständige Arbeitsleistungen erwartet. Insoweit genügt eine organisatorische Abhängigkeit[35]). Ist nun die rechtliche Selbständigkeit eines Vertragshändlers in ihrem Kernbereich durch Weisungsbefugnisse derart beeinträchtigt, daß er organisatorisch in ein fremdes Unternehmen eingegliedert wird, verliert er seine Stellung als selbständiger Gewerbetreibender und wird faktisch zum Angestellten. Ist er faktisch Angestellter, liegt ein institutioneller Mißbrauch der Vertragsfreiheit vor. Die äußere Stellung als selbständiger Gewerbetreibender wird dem Vertragspartner nur zu dem Zwecke eingeräumt, um ihn das wirtschaftliche Risiko tragen zu lassen, zuweilen auch, um ihm den durch die Rechtsordnung gewährten sozialen Schutz zu nehmen, der für Arbeitnehmer besteht.

Daß das Verbot sittenwidriger Rechtsgeschäfte weniger auf subjektive Tatbestände des Einzelfalles, also auf individualethische Maßstäbe, als auf objektive Maßstäbe der institutionellen Vereinbarkeit mit unseren tragenden Rechtsgrundsätzen abstellt, vergleichbar mit dem international-rechtlichen ordre public, hat kürzlich wieder mit Nachdruck Josef Esser herausgestellt[36]). Das

---

35) Dazu näher Wilhelm Herschel: Rechtsfragen der Technischen Überwachung, 1972, S. 86–88.

36) Esser: § 138 BGB und die Bankpraxis der Globalzession, in ZHR 135 (1971), S. 320–339 (330 ff.); vgl. auch Konstantin Simitis: Gute Sitten und ordre public, 1960.

gilt insbesondere in Fällen von Allgemeinen Geschäftsbedingungen oder Formularverträgen, die nicht individuell ausgehandelt werden. AGB und Formularverträge haben nicht nur soziologisch, wie oft auf der Grundlage einer überholten Rechtsquellenlehre behauptet wird, sondern auch rechtstheoretisch Normqualität[37]). Von der gesetzlich eingeräumten Privatautonomie wird im Wege der Vorabentscheidung durch Aufstellung derartiger Vertragsmuster im Sinne einer privatwirtschaftlichen Normsetzungsautonomie Gebrauch gemacht. Der Fehlgebrauch dieser Autonomie, sagt Esser zu Recht[38]), ist zugleich ein Mißbrauch der Privatautonomie. „Während beim Individualgeschäft die Interessenbilanz der Marktgerechtigkeit im allgemeinen – jedenfalls nach neoliberaler Doktrin – eine solche Kompatibilität der Einzelregelung mit dem Privatrechtssystem garantiert, ist das bei globaler Vorwegregelung durch AGB nicht der Fall"[39]). Hat der Vertragsgegner nur noch die Wahl, die Normsetzungen zu akzeptieren oder auf den Vertrag überhaupt zu verzichten, müssen sich diese Normsetzungen unter dem Gesichtswinkel des § 138 BGB die Beurteilung danach gefallen lassen, ob hier die Interessen beider Parteien ähnlich wie im „verdrängten" dispositiven Gesetzesrecht berücksichtigt werden. Eine Abweichung von der dem positiven Recht zugrunde liegenden Interessenwertung ist danach nur zulässig, wenn ein sachlicher Grund dies rechtfertigt[40]).

Ein sachlicher Grund dafür, einen Kantinenpächter in einem Ausmaß unter Weisungsgebundenheit zu stellen, daß von einer Stellung als selbständiger

---

[37]) Dazu näher M. Rehbinder: Allgemeine Geschäftsbedingungen und die Kontrolle ihres Inhalts, 1972, S. 17–19.

[38]) FN. 36, S. 337.

[39]) Ebd. S. 338.

[40]) So der BGH für die Beurteilung von AGB nach § 242 BGB: BGHZ 22, 90 (93); 41, 151 (154); vgl. weiter Rehbinder (FN. 37), S. 25 f.

Kaufmann keine Rede mehr sein kann, ist jedoch nicht ersichtlich. Das berechtigte Interesse der Bundeswehr, ihre Kantinen im Interesse der Bundeswehrangehörigen möglichst günstig betrieben zu sehen, läßt sich auch wahren, ohne daß man die Selbständigkeit der Pächter völlig aufhebt. Das erklärte Ziel des Bundeswehrexperiments, die Selbständigkeit der Pächter zu bewahren, ist gerade nicht erreicht worden. Die vertragliche Überbürdung des wirtschaftlichen Risikos durch Wahrung des Eindrucks der Selbständigkeit nach außen unter gleichzeitiger Weisungsabhängigkeit hinsichtlich der gesamten Geschäftsführung ist ein Mißbrauch der Rechtsform, ein Verstoß gegen die „Firmenwahrheit", der den Interessen des Pächters, der auf den sozialen Schutz eines leitenden Angestellten verzichtet, an Selbständigkeit in seiner Geschäftsführung ohne Notwendigkeit zuwiderläuft. Es mag sein, daß den Interessen der Bundeswehr nur durch eine zentrale Einkaufsorganisation entsprochen werden kann. Für diesen Fall bietet sich aber eine den Edeka-Lebensmittelgeschäften vergleichbare Organisationsform an. Die Edeka läßt den ihr angeschlossenen Geschäften soviel eigene kaufmännische Dispositionsbefugnis, daß man noch trotz aller Bindung von einer selbständigen Geschäftsführung sprechen kann. Bei den Bundeswehrkantinen ist davon nichts mehr übrig. Als Beispiel mag hier die Reaktion des Wehrbereichs I auf die letzte Steuererhöhung für Alkohol dienen. Als diese bekannt wurde, erhielten die Kantinen von der Wehrbereichsverwaltung die Anweisung, daß Kantinen mit einem Reingewinn bis DM 24.000,– die Steuererhöhung abwälzen dürften, Kantinen mit einem Reingewinn bis DM 48.000,– die Kostenbelastung zur Hälfte selbst tragen und besser verdienende Pächter die Mehrkosten allein tragen müßten. Es ist offensichtlich, daß der Leiter einer Lebensmittelsupermarktfiliale, der Preiskalkulationen dieser Art entgegennehmen muß, dies jedenfalls nicht zu Lasten seines persönlichen Gehaltes zu tun brauchte.

„Die Möglichkeiten, die Privatautonomie mittels einer institutionellen Beurteilung nach § 138 BGB zu steuern"[41]), sind erst eine Erkenntnis jüngerer

---

[41]) Esser (FN. 36), S. 327.

Zeit, wie sich am Beispiel der richterlichen Kontrolle von AGB zeigen läßt. Früher hat man Abhängigkeiten dieser Art als verkehrsüblich hingenommen. Bei der heutigen günstigen Situation auf dem Arbeitsmarkt wird man sich jedoch mehr und mehr der Absurdität bewußt, „daß in der Zeit, in der das echte Arbeitnehmerverhältnis aus würdeloser Sklaverei herausgeführt worden ist, bei den wirtschaftlich unselbständigen Dienstleistungszweigen eine gegenläufige Entwicklung zu beobachten ist"[42]). Aus diesem Grunde rückt jetzt die Unterscheidung zwischen selbständigen und abhängigen Dienstpflichtigen stärker in den Vordergrund. Der Verzicht auf den Schutz des Arbeitsrechts muß durch Selbständigkeit ausgeglichen werden, sonst liegt eine Umgehung grundlegender Rechtsprinzipien des Privatrechts vor. Da der Verlust der Selbständigkeit hier nicht durch eine einzelne Vorschrift des Mustervertrages, sondern durch das Zusammenwirken der oben dargestellten vielfältigen Weisungsgebundenheiten erfolgt, ist der gesamte Mustervertrag der KBG nach § 138 Abs. 1 BGB nichtig.

5. Der Pachtvertrag der Einzelpächter und seine Beurteilung nach Kartellrecht

a) Verstoß gegen § 15 GWB

Die Nichtigkeit eines Teiles des Mustervertrages ergibt sich darüber hinaus aus dem Gesetz gegen Wettbewerbsbeschränkungen. Nach § 15 GWB sind Verträge zwischen Unternehmen über Waren und gewerbliche Leistungen, die sich auf Märkte innerhalb des Geltungsbereiches des GWB beziehen, nichtig, soweit sie einen Vertragsbeteiligten in der Freiheit der Gestaltung von Preisen oder Geschäftsbedingungen bei solchen Verträgen beschränken, die dieser mit Dritten über die gelieferten Waren, über andere Waren oder über gewerbliche

---

42) Alfred Schüller: Vermachtungserscheinungen im tertiären Sektor, in ORDO 19 (1968), S. 171–256 (246).

Leistungen schließt. Ausgenommen sind nach § 16 GWB lediglich Verträge über Markenwaren und Verlagserzeugnisse. Da die Kantinenpächter nach aussen hin selbständige Gewerbetreibende sind, handelt es sich bei dem Mustervertrag der KBG um einen Vertrag zwischen zwei Unternehmen. Dieser Vertrag enthält eine Bindung der Pächter mit dem Inhalt, daß die vom Verpächter bestimmten Waren nur von ihm bzw. von den von ihm benannten Firmen zu beziehen und zu den von ihm festgesetzten sowie von der betreffenden Wehrbereichsverwaltung genehmigten Preisen anzubieten sind. Andere als die im „Warenverzeichnis" enthaltenen Waren dürfen nicht angeboten werden. Ferner sind den Pächtern selbständige Absprachen über die Bezugsbedingungen mit den vorgeschriebenen Lieferanten verboten. Diese Absprachen fallen klar unter das Verbot der vertikalen Bindung von Preisen und Geschäftsbedingungen in § 15 GWB. Zwar hat die Kommentarliteratur dieses Verbot einschränkend dahin ausgelegt, daß treuhandähnliche Verhältnisse ausgenommen seien wie die Verhältnisse der Handelsvertreter, Kommissionäre und ähnliche Geschäftsvermittler, die aufgrund ihrer besonderen Rechtsstellung und Tätigkeit in ihrer Dispositionsfreiheit gewissen Beschränkungen unterliegen. In diesem Zusammenhang wird aber ausdrücklich daran festgehalten, daß Vertragshändler unter das Verbot der Inhaltsbeschränkungen des § 15 fallen, soweit sie nicht Markenwaren vertreiben[43]). Ferner ist in einer Entscheidung des Kammergerichts Berlin festgestellt worden, daß bei Pachtverträgen die Preisbindung des Pächters hinsichtlich der Nutzungsüberlassung an Dritte verboten sei[44]). Weiter ist anerkannt, daß auch Absprachen über die von Dritten bezogenen Waren von § 15 GWB erfaßt werden[45]). Auch die Besonderheit, daß Kantinen Sozialeinrichtungen sind, kann zu keiner abweichenden Beurteilung führen; denn daraus mag sich zwar die Verpflichtung zu be-

---

[43]) Vgl. Rasch/Westrick: Wettbewerbsbeschränkungen, 3. Aufl. 1966, § 15 GWB Nr. 3; Schwartz in Gemeinschaftskommentar, 2. Aufl. 1963, § 15 GWB Nr. 15.

[44]) KG WuW 1961, S. 279 (280) – Hafenpacht.

[45]) Rasch/Westrick (FN. 43) Nr. 7; Schwartz (FN. 43) Nr. 6.

sonders preisgünstigen Kalkulationen rechtfertigen, nicht aber die Bindung jedes einzelnen Warenpreises und auch nicht die Bindung an bestimmte Lieferfirmen und Bezugsbedingungen. An der Nichtigkeit des Mustervertrages gem. § 15 GWB kann also kein Zweifel bestehen.

b) Beurteilung nach den §§ 18 und 22 GWB

Angesichts der Nichtigkeit des Mustervertrages nach den §§ 138 BGB und 15 GWB braucht die Frage, ob unter anderen Gesichtspunkten eine Eingriffsmöglichkeit des Bundeskartellamts gegeben ist, nur noch zusätzlich und mehr am Rande geprüft zu werden.

Der Pachtvertrag der KBG beschränkt die Dispositionsbefugnis der Pächter nicht nur im Sinne einer Inhaltsbindung nach § 15 GWB, sondern auch im Sinne einer Abschlußbindung. Verträge über Waren und gewerbliche Leistungen, die einen Vertragsbeteiligten darin beschränken, andere Waren oder gewerbliche Leistungen von Dritten zu beziehen, können nach § 18 Abs. 1 Nr. 2 GWB von der Kartellbehörde für unwirksam erklärt werden, soweit sie für andere Unternehmen den Zugang zu einem Markt unbillig beschränken oder soweit durch das Ausmaß derartiger Beschränkungen der Wettbewerb auf dem Markt für diese oder andere Waren oder gewerbliche Leistungen wesentlich beeinträchtigt wird. Allerdings entspricht es der herrschenden Ansicht in der Literatur, daß Abschlußbindungen in Form von Wettbewerbsverboten zulässig seien, soweit sie die ohnehin nach § 242 BGB bestehende Treuepflicht eines Vertragshändlers konkretisieren[46]). Die Praxis der Kartellbehörden ist dem zwar nicht gefolgt[47]). Man konnte sich aber insoweit auf die früher ganz

---

[46]) Schwartz (FN. 43) § 18 GWB Nr. 20; Rasch/Westrick (FN. 43) § 18 GWB Nr. 6; Baumbach-Hefermehl; Wettbewerbs- und Warenzeichenrecht, 8. Aufl. 1960, § 15 Anm. 17.

[47]) Vgl. BKartA, Tätigkeitsbericht 1961, BTDrucks. IV/378, S. 20 f. – Turmdrehkrane.

herrschende Meinung stützen, nach der Wettbewerbsverbote in Handelsvertreterverträgen nicht unter § 18 GWB fallen[48]). Hier ist jedoch in neuerer Zeit ein Meinungsumschwung zu beobachten, der vom Bundeskartellamt in seinem Vorgehen gegen Ausschließlichkeitsbindungen in Tankstellenverträgen geteilt wird[49]). Aber abgesehen davon liegt hier eine Ausschließlichkeitsbindung vor, die über die Bindung an die Vertragsfirma hinausgeht und insoweit die Treuepflicht aus einem Vertragshändlerverhältnis übersteigt. Die wirtschaftlich kleine KBG kann nämlich eine Selbstbelieferung der Pächter in weiten Teilen gar nicht vornehmen, sondern weitet ihre Marktstellung auf der Grundlage ihres durch den Generalpachtvertrag von der Bundeswehr eingeräumten Monopols mit Hilfe von Abschlußbindungen in bezug auf andere Unternehmen aus. Die Pächter sind daher hinsichtlich dieser Waren gar keine Vertragshändler in dem von der Literatur hier vorausgesetzten Sinne. Denn nur die Bindung an die eigene Ware und der Ausschluß von Wettbewerbsware soll erlaubt sein, nicht die Ausweitung der Abschlußbindung auf Waren Dritter[50]).

Findet demnach § 18 GWB grundsätzlich auf die vorliegende Ausschließlichkeitsbindung Anwendung, so setzt ein Eingreifen der Kartellbehörde voraus, daß dadurch für andere Unternehmen der Zugang zu einem Markt unbillig beschränkt wird (Unbilligkeitsprüfung) oder daß durch das Ausmaß der Aus-

---

[48]) Schwartz (FN. 43) § 18 Nr 19; Frankfurter Kommentar (Loseblatt) § 18 GWB Tz. 35 ff.; v. Brunn in AcP 163 (1963), S. 487, 496 ff.; Fritz Rittner: Die Wettbewerbsverbote der Handelsvertreter und § 18 GWB, in ZHR 135 (1971), S. 289–319.

[49]) BKartA in BB 1968, S. 723–725; Birkhahn: Wettbewerbsverbote für Handelsvertreter auch ohne vertragliche Vereinbarung? , in BB 1961, S. 1351 ff. (dagegen Leo in BB 1962, S. 1106); K. Markert in WuW 1966, S. 59 (61); H. Kreis: Ausschließlichkeitsbindung in Tankstellenverträgen, in BB 1967, S. 942 (943 f.); F. Koenigs: Einige Probleme des § 18 GWB, in Wettbewerb als Aufgabe, 1968, S. 301 (314 ff.); Schmidt/Thiele: Die Ausschließlichkeitsbindung des Tankstellenhalters für Treib- und Schmierstoffe, in BB 1968, S. 886 ff.; A. Schüller (FN. 42), S. 237 ff.; vgl. auch P. Ulmer (FN. 28), S. 348 f.

[50]) Vgl. Schwartz (FN. 43) § 18 GWB Nr. 20.

schließlichkeitsbindung eine wesentliche Beeinträchtigung des Wettbewerbs auf dem betreffenden Markt erfolgt (Marktfolgenprüfung). Eine unbillige Zugangsbeschränkung Dritter zum Markt liegt vor, wenn ein Mißverhältnis zwischen dem mit der Abschlußbindung verfolgten Vertragszweck und der marktwirtschaftlichen Auswirkung auf die Konkurrenzunternehmen besteht[51]). Soweit die Bindung an die KBG als Lieferfirma besteht, ist sie als Vertragshändlerbindung zulässig. Soweit sie sich auf die von der KBG benannten Lieferfirmen bezieht, ist Sinn der Bindung die Erzielung besonders günstiger Konditionen und damit eine Verschärfung des Wettbewerbs unter den betreffenden Anbietern auf dem Markt. Die Drittlieferer sollen also nur insoweit ausgeschlossen werden, als sie im Wettbewerb mit ihren Konkurrenten nicht mithalten können. Andererseits findet hier auf der Nachfrageseite eine Marktverengung insoweit statt, als die KBG unter gleich günstigen Angeboten ausgewählt hat. Insbesondere können durchaus leistungsfähige kleinere Firmen von den örtlichen Märkten völlig ausgeschlossen werden, denn es dürften von der KBG nur solche Firmen berücksichtigt werden, die sämtliche oder zumindest einen großen Teil der von ihr verpachteten Kantinen beliefern können. So werden z.B. Brötchen nicht mehr von einem örtlichen Bäcker, sondern von größeren Brotfabriken bezogen werden müssen. Zumindest im Hinblick auf örtlich beschränkte Märkte kann daher in der Abschlußbindung durch die KBG eine unbillige Marktzugangsbeschränkung liegen.

Die Frage nach dem hier relevanten Markt spielt auch bei der zweiten möglichen Eingriffsvoraussetzung nach § 18 GWB, nämlich bei der Marktfolgenprüfung, eine Rolle. Schließlich ist diese Frage für eine weitere Rechtsgrundlage entscheidend, nach der eine Eingriffsmöglichkeit der Kartellbehörde gegeben wäre, nämlich für die Mißbrauchsaufsicht über marktbeherrschende Unternehmen nach § 22 GWB. Die nähere Abgrenzung und Bestimmung des jeweils relevanten Marktes gehört zu den schwierigsten Fragen des Kartell-

---

[51]) Rasch/Westrick (FN. 43) § 18 GWB Nr. 12; Schwarz (FN. 43) § 18 GWB Nr. 34.

rechtes[52]). Es kommt insbesondere eine gegenständliche und eine räumliche Abgrenzung in Frage. Gegenständlich erfaßt ein Markt alle Waren und gewerblichen Leistungen, die im Rahmen von Angebot und Nachfrage im Hinblick auf Verwendungszweck und Bedarfsbefriedigung austauschbar sind[53]). Man wird daher je nach Warenart zu unterscheiden haben. Hinsichtlich bestimmter Lebensmittel befinden sich Kantinen auf dem Markt zwischen Großhandel und Lebensmitteldetailhandel. Hinsichtlich vorverarbeiteter oder in Großgebinden abgepackter Lebensmittel befinden sich Kantinen auf dem Markt für Gaststättenbedarf. Schließlich kann als Marktgeschehen auch die Verpachtung der Kantinen selbst betrachtet werden, wobei in bezug auf Bundeswehrkantinen die KBG eine marktbeherrschende Stellung hätte, nicht dagegen in bezug auf Kantinen überhaupt oder gar in bezug auf Gaststätten. Bei der räumlichen Begrenzung des Marktes kommt es jeweils auf den Gegenstand und auf die Marktgewohnheiten an. So haben z.B. Brötchen keinen Markt in Deutschland, sondern in einer Stadt oder sogar nur in einem Stadtteil[54]).

Daraus folgt, daß es für die Beurteilung nach § 18 GWB je auf die betreffende Ware ankommt, so daß die Eingriffsmöglichkeit der Kartellbehörde von der Art und Weise abhängt, wie die KBG von der Abschlußbindung im Einzelfall Gebrauch macht, ob sie also bei räumlichen Märkten örtliche Lieferanten berücksichtigt und ob sie bei gegenständlich begrenzten Märkten wesentliche Wettbewerbsbeeinträchtigungen verursacht. Das bedürfte jeweils sorgfältiger Untersuchungen durch die Kartellbehörde. Die Beurteilung nach § 22 GWB erfordert dagegen die Entscheidung, ob die KBG als Verpächterin (räumlich abgegrenzt in den betreffenden Wehrbereichen) auf dem Markt

---

52) Vgl. näher Günther: Relevanter Markt im Recht der Wettbewerbsbeschränkungen, 1960; Bartholomeyczik in Gemeinschaftskommentar (FN. 43) § 22 GWB Nr. 18 ff.; Rasch/Westrick § 22 GWB Nr. 7 ff.

53) BKartA in BB 1961, S. 1255 – Automarkt.

54) So Bartholomeyczik (FN. 52) Nr. 30.

für Kantinen oder auf dem Markt für Bundeswehrkantinen tätig wird. Die Abschlußbindungen könnten dann im Falle einer marktbeherrschenden Stellung als unzulässige Koppelungsgeschäfte zu qualifizieren sein. Gemessen am Maßstab der Austauschbarkeit wird man davon auszugehen haben, daß Kantinen von Großbetrieben und Behörden und die Kantinen der Bundeswehr vom Pächter her gesehen im großen und ganzen gleichwertig sind. Einen eigenen Markt für Bundeswehrkantinen wird man daher kaum annehmen können. Da auch als Nachfrager die Bundeswehrkantinen mit allen anderen Kantinen, ja sogar mit allen Gaststätten in Konkurrenz treten, ist nicht davon auszugehen, daß die KBG ein marktbeherrschendes Unternehmen im Sinne des § 22 GWB ist.

6. Ergebnis

Der Mustervertrag der KBG, der dem „Experiment" der Bundeswehr mit der Verpachtung ihrer Kantinen zugrunde liegt, ist wegen Rechtsmißbrauchs nach § 138 Abs. 1 BGB nichtig, weil er dem Pächter die eigene kaufmännische Dispositionsbefugnis nimmt, die ihm aufgrund des Pachtverhältnisses als selbständiger Gewerbetreibender zusteht. Der Betreuungszweck der Kantinen rechtfertigt zwar gewisse Bindungen, nicht aber den völligen Ausschluß selbständiger geschäftlicher Entscheidungsfreiheit und die faktische Eingliederung der Arbeitsleistung des Pächters in eine zentrale Bewirtschaftung, wie sie nur in einem Arbeitsverhältnis möglich wäre.

Der Mustervertrag ist weiterhin insoweit nichtig, als er den Pächter in seiner Preisgestaltung und im Aushandeln seiner Konditionen mit dritten Lieferfirmen bis ins einzelne bindet. Der Betreuungszweck der Kantine rechtfertigt nicht einen Verstoß gegen das Verbot der Bindung von Preisen und Geschäftsbedingungen nach § 15 GWB. Ob darüber hinaus für die Kartellbehörde eine Möglichkeit des Einschreitens nach § 18 GWB gegeben ist, bedürfte näherer tatsächlicher Untersuchungen.

IV. Schlußfolgerungen in Thesen

1. Gegenstand des Kantinenpachtvertrages ist die Kantine als Unternehmen.
2. Der Kantinenpachtvertrag ist ein gemischtrechtlicher Vertrag. Er enthält neben der Unternehmenspacht Elemente
   a) der Geschäftsraummiete (Kantinen- und Wirtschaftsräume),
   b) des Gesellschaftsvertrages (Umsatzpacht) und
   c) des Geschäftsbesorgungsvertrages (Kantine als Sozialeinrichtung).
3. Bei Kantinen, die dem Gaststättengesetz nicht unterliegen (§ 25 GastG), nimmt der Verpächter Kontrollrechte gewerbepolizeilicher Art mit den Mitteln des Privatrechts wahr.
4. Soweit dies zur Erfüllung besonderer öffentlicher Aufgaben notwendig ist, kann der Verpächter eine Bindung der Kantine an die öffentlichen Aufgaben mit den Mitteln des Privatrechts bewirken.
5. Der Charakter der Kantine als soziale Betreuungseinrichtung rechtfertigt die im Rahmen von Geschäftsbesorgungsverhältnissen zulässigen Beschränkungen in der Selbständigkeit der Geschäftsführung.
6. Eingriffe des Verpächters in die selbständige kaufmännische Dispositionsbefugnis dürfen nicht ein derartiges Ausmaß annehmen, daß der Kantinenpächter die Entscheidungsfreiheit eines selbständigen Geschäftsbesorgers verliert und die Stellung eines in eine fremde Arbeitsorganisation eingegliederten Arbeitnehmers erhält. Anderenfalls liegt ein Mißbrauch der Privatautonomie vor, der zur Nichtigkeit des Vertrages nach § 138 Abs. 1 BGB führt.

FSC
www.fsc.org
MIX
Papier | Fördert gute Waldnutzung
FSC® C083411

Kolibri 360 GmbH
Ferdinand-Jühlke-Straße 7
99095 Erfurt, Deutschland
produktsicherheit@kolibri360.de